Digitaal Marketing 2025

Van beginner tot expert

Peter Woodford

Digitale marketing 2025 door Peter Woodford

Over de auteur

Peter is een vooraanstaand ondernemer en expert in digitale technologie met meer dan 20 jaar ervaring in het leiden van toonaangevende digitale bureaus in Londen en Singapore. Als oprichter van meerdere technologiebedrijven heeft hij consequent innovatie en excellentie binnen de digitale industrie gestimuleerd.

Peter is gespecialiseerd in projectmanagement en digitale marketing en combineert datagedreven besluitvorming met een genuanceerd begrip van de behoeften van diverse stakeholders. Hij heeft een Bachelor of Science-diploma en is gecertificeerd in projectmanagement en geavanceerde analyses. Als uitvinder in hart en nieren heeft hij een patent en talloze geregistreerde ontwerpen en handelsmerken.

Gedurende zijn carrière heeft Peter de end-to-end ontwikkeling van duizenden websites beheerd en de creatie van uitgebreide online advertentiecampagnes geleid. Zijn diepgaande expertise en toewijding om resultaten te leveren, hebben hem gevestigd als een gerespecteerde autoriteit op het gebied van digitale technologie.

Peter is te vinden op:

https://www.digitalfishing.com/

https://www.peterwoodford.com/

https://www.linkedin.com/in/pwoodford/

https://www.patreon.com/peterwoodford

https://www.youtube.com/@peterwoodford

https://x.com/peterkwoodford

https://www.tiktok.com/@digitalpeter

https://www.facebook.com/peter.woodford/

https://www.facebook.com/peterwoodfordpage

https://www.amazon.com/author/peterwoodford

https://www.publishersmarketplace.com/members/p woodford/

8

Beschrijving

In het snelle digitale tijdperk van vandaag is digitale marketing essentieel geworden voor organisaties om te floreren in het online landschap. Digital Marketing 2025 is een beknopte maar uitgebreide gids die is ontworpen om u te voorzien van de kennis en vaardigheden die nodig zijn om door dit dynamische veld te navigeren. Of u nu Of u nu een marketingprofessional, bedrijfseigenaar of beginnend digitaal marketeer bent, dit boek biedt u een solide basis.

We beginnen met het verkennen van de fundamentele concepten van digitale marketing en het belang ervan in het huidige zakelijke landschap. U krijgt een duidelijk begrip van de verschillende beschikbare digitale marketingkanalen en hoe ze u kunnen helpen uw doelgroep te bereiken en te betrekken. Om uw begrip te beoordelen, hebben we meerkeuzevragen met antwoorden opgenomen, zodat u uw voortgang kunt meten.

Search Engine Optimization (SEO) speelt een cruciale rol bij het verbeteren van de zichtbaarheid en organische rankings op zoekmachine-resultatenpagina's. We verdiepen ons in het proces van het uitvoeren van trefwoordonderzoek, het optimaliseren van on-page-elementen en het implementeren van effectieve off-page-strategieën.

Pay-Per-Click (PPC)-advertenties stellen bedrijven in staat om gerichte advertenties te tonen en verkeer naar hun websites te leiden. In dit gedeelte duiken we dieper in PPC-advertenties en begeleiden we u door de opzet en het beheer van campagnes. We benadrukken ook het belang van trefwoordonderzoek, het maken van advertentieteksten, biedingsbeheer, budgetplanning en het meten van het succes van campagnes.

Social Media Marketing heeft een revolutie teweeggebracht in de manier waarop bedrijven verbinding maken met hun publiek en ermee omgaan. We onderzoeken verschillende social media platforms en helpen u een social media strategie te ontwikkelen die aansluit bij uw bedrijfsdoelstellingen. U leert over het maken van content, deelstrategieën, technieken voor volgersbetrokkenheid en methoden om de impact van uw inspanningen te meten.

Contentmarketing is een krachtig hulpmiddel om merkbekendheid op te bouwen en doelgroepen te betrekken. Wij bieden een overzicht van contentmarketing en begeleiden u bij het ontwikkelen van een uitgebreide contentmarketingstrategie.

E-mailmarketing blijft een zeer effectief en gepersonaliseerd communicatiekanaal. Deze sectie onderzoekt lijstopbouw, effectieve e-mailcreatie en automatiseringstechnieken voor gepersonaliseerde berichten.

Affiliate Marketing biedt bedrijven de mogelijkheid om samen te werken met partners die hun producten of diensten promoten voor een commissie. We verkennen het concept van affiliate marketing, begeleiden u bij het opzetten van een affiliate programma en bieden strategieën voor het werven en beheren van affiliates.

Mobile Marketing richt zich op het belang van mobiele apparaten in marketingstrategieën. Wij helpen u een mobiele marketingstrategie te ontwikkelen, mobiele content te creëren en mobiele advertentietechnieken te gebruiken.

Web Analytics is cruciaal voor het meten van websiteverkeer en gebruikersgedrag . We bieden stapsgewijze instructies voor het instellen van conversiedoelen in web analytics, zodat u de prestaties van uw advertentiecampagnes kunt beoordelen en uw kosten per conversie kunt verlagen.

Het gebruik van AI in digitale marketing onderzoekt de transformerende impact van AI op de marketingindustrie, waarbij de nadruk ligt op het vermogen om data te analyseren , campagnes te personaliseren en taken te automatiseren. Dit hoofdstuk behandelt voorspellende analyses, aanbevelingsengines en meer, waarbij de nadruk ligt op de balans tussen AI en menselijke creativiteit voor uitzonderlijke marketingstrategieën.

Wanneer u de strategieën en tactieken die in dit boek worden beschreven onder de knie krijgt, bent u goed toegerust om door de voortdurend veranderende wereld van digitale marketing te navigeren en succes te behalen in het huidige digitale landschap.

I. Inleiding tot digitale marketing

A. Definitie van digitale marketing

Digitale marketing is een dynamische, innovatieve en resultaatgerichte aanpak om producten, diensten en merken te promoten via digitale kanalen. Het maakt gebruik van de nieuwste technologie en platforms om een gericht publiek te bereiken en te betrekken, en stelt bedrijven in staat om op een gepersonaliseerde en betekenisvolle manier contact te maken met hun klanten. Met zijn vermogen om meetbare resultaten te leveren, is digitale marketing een cruciaal onderdeel van elke succesvolle marketingstrategie en biedt het een krachtig hulpmiddel voor bedrijven die hun merk willen opbouwen en groei willen stimuleren.

B. Belang van digitale marketing

Het belang van digitale marketing kan niet genoeg worden benadrukt in het digitale tijdperk van vandaag, met een omvang van ongeveer $ 1099,33 miljard in 2032 (Statistische bron: https://www.demandsage.com/digital-marketing-statistics/). Nu steeds meer consumenten online tijd doorbrengen, is het een cruciaal kanaal geworden voor bedrijven om hun doelgroep te bereiken en ermee in contact te komen. Digitale marketing maakt gerichte en gepersonaliseerde communicatie mogelijk, waardoor bedrijven de mogelijkheid krijgen om sterke en zinvolle relaties met hun klanten op te bouwen.

Wereldwijde omvang van de markt voor digitale marketing: De wereldwijde omvang van de markt voor digitale marketing zal naar verwachting tegen 2033 ongeveer $ 1,3 biljoen bedragen, met een samengestelde jaarlijkse groeivoet van 13,6% voor het komende decennium. (Bron statistieken:

https://www.hostinger.com/tutorials/digital-marketing-statistics)

Bovendien biedt digitale marketing bedrijven waardevolle gegevens en inzichten die kunnen worden gebruikt om hun marketinginspanningen te optimaliseren en verfijnen. Met de mogelijkheid om het succes van campagnes te volgen en te meten, stelt digitale marketing bedrijven in staat om weloverwogen beslissingen te nemen en middelen effectief toe te wijzen.

Bovendien zorgt digitale marketing voor een gelijk speelveld voor kleine en slanke bedrijven, waardoor ze kunnen concurreren met grotere bedrijven en een breder publiek kunnen bereiken voor een fractie van de kosten van traditionele marketingmethoden. Met zijn vermogen om een wereldwijd publiek te bereiken en realtime resultaten te leveren, is digitale marketing essentieel voor bedrijven die voorop willen blijven lopen en succesvol willen zijn in de snelle digitale wereld van vandaag.

C. Overzicht van digitale marketingkanalen

Digitale marketingkanalen verwijzen naar de verschillende platforms en methoden die worden gebruikt om online klanten te bereiken en te betrekken. Enkele van de meest gebruikte digitale marketingkanalen zijn:

1. Zoekmachineoptimalisatie (SEO): Het optimaliseren van een website om hoger te scoren in de zoekresultaten van zoekmachines (SERP's) door middel van tactieken zoals trefwoordonderzoek, on-page optimalisatie en off-page optimalisatie.
2. Pay-Per-Click Advertising (PPC): Een type reclame waarbij bedrijven betalen telkens wanneer een gebruiker op een van hun

advertenties klikt. Dit omvat platforms zoals Google Ads en Bing Ads. (Statistiek: Er worden elke dag ongeveer 8,5 miljard Google-zoekopdrachten uitgevoerd. Bron van de statistieken: https://clictadigital.com/how-many-google-searches-per-day-are-there/)

3. Social Media Marketing: Gebruik van social media platforms zoals Facebook, Instagram en X (voorheen Twitter) om merkbekendheid op te bouwen, contact te leggen met klanten en verkeer naar een website te leiden. (Statistiek: Facebook heeft 2,1 miljard dagelijkse actieve gebruikers. Bron van de statistieken: https://www.statista.com/statistics/346167/facebook-global-dau/)

4. Contentmarketing: Waardevolle content creëren en delen met als doel klanten aan te trekken en te behouden. Dit kan blogs, video's en andere soorten content omvatten.

5. E-mailmarketing: Marketingberichten verzenden naar een lijst met abonnees via e-mail. Dit kan nieuwsbrieven, promotionele e-mails en transactionele e-mails omvatten.
6. Affiliate marketing: een op prestaties gebaseerde marketingstrategie waarbij bedrijven samenwerken met affiliates die hun producten of diensten promoten in ruil voor een commissie.
7. Mobiele marketing: klanten bereiken via mobiele apparaten door middel van tactieken zoals mobiele advertenties, mobielvriendelijke content en mobiele app-marketing.
8. Webanalyse: het volgen en analyseren van gegevens van een website om het gedrag van gebruikers te begrijpen en het succes van marketinginspanningen te meten.

Dit zijn slechts enkele van de vele digitale marketingkanalen die bedrijven vandaag de dag tot hun beschikking hebben. Elk kanaal heeft zijn eigen unieke sterke punten en voordelen, en een effectieve digitale marketingstrategie zal een combinatie van kanalen gebruiken om klanten op de meest effectieve manier te bereiken en te betrekken, wat we in de latere secties uitgebreider zullen bekijken.

D. Marketingdoelen en -objectieven vaststellen

Marketingdoelstellingen zijn specifieke, meetbare en tijdgebonden targets die helpen de marketingdoelen te bereiken. Voorbeelden van marketingdoelstellingen zijn:

1. Verhoog het websiteverkeer met 20% in de komende 3 maanden via social media marketing en zoekmachineoptimalisatie.

2. Verhoog de klanttevredenheid met 50% in de komende 6 maanden via e-mailmarketing en gepersonaliseerde content.
3. Verhoog uw omzet met 10% in het komende jaar door middel van gerichte PPC-advertenties en affiliate marketing.

Om effectieve marketingdoelen en -objectieven te bepalen, moeten bedrijven hun doelgroep, hun concurrentie en hun eigen sterke en zwakke punten begrijpen. Ze moeten ook rekening houden met de middelen en het budget dat beschikbaar is voor marketinginspanningen. Zodra de doelen en objectieven zijn bepaald, is het belangrijk om ze regelmatig te evalueren en indien nodig aan te passen om blijvend succes te garanderen. Laten we eens kijken hoe het budget uw strategie beïnvloedt. Stel bijvoorbeeld dat u slechts $ 10 per dag aan advertenties kunt besteden. U kunt geen 10 afzonderlijke campagnes uitvoeren als de verwachte kosten per klik $ 2 zijn, u kunt maximaal

5 campagnes uitvoeren en zelfs dan kunt u slechts 1 klik per campagne per dag verwachten. In dat tempo duurt het veel te lang om voldoende bruikbare gegevens te verzamelen om inzicht te krijgen in hoe uw campagnes ten opzichte van elkaar presteren.

Introductie Quizvragen

1. Wat definieert digitale marketing?
A. Een achterhaalde benadering van marketing
B. Uitsluitend offline promotiestrategieën
C. Een gericht publiek bereiken via digitale kanalen
D. Enkel focussen op traditionele mediaplatformen

Antwoord: C. Een doelgroep bereiken via digitale kanalen

2. Waarom wordt digitale marketing als essentieel beschouwd in het huidige bedrijfsleven?

A. Vanwege de afhankelijkheid van verouderde technologie

B. Omdat het niet in staat is het succes van een campagne te meten

C. Het vermogen om meetbare resultaten en gepersonaliseerde betrokkenheid te leveren

D. Beperkt bereik vergeleken met traditionele marketingmethoden

Antwoord: C. Het vermogen om meetbare resultaten en gepersonaliseerde betrokkenheid te leveren

3. Welke stelling geeft nauwkeurig de impact van digitale marketing op kleine bedrijven weer?

A. Het verhoogt de marketingkosten voor kleinere bedrijven

B. Het zorgt ervoor dat kleinere bedrijven gelijkwaardiger kunnen concurreren met grotere bedrijven

C. Het beperkt kleine bedrijven tot het targeten van lokale doelgroepen

D. Het biedt geen voordelen voor kleine bedrijven

Antwoord: B. Het stelt kleinere bedrijven in staat om gelijkwaardiger te concurreren met grotere bedrijven.

4. Wat is het primaire doel van zoekmachineoptimalisatie (SEO)?

A. Vergroten van de functionaliteit van de website

B. Het vergroten van de betrokkenheid op sociale media

C. Hoger scoren in zoekmachineresultaten

D. Verbetering van de effectiviteit van e-mailmarketing

Antwoord: C. Hoger scoren in zoekmachineresultaten

5. Welk digitaal marketingkanaal maakt gebruik van betaling op basis van gebruikersklikken op advertenties?

A. Sociale media marketing

B. E-mailmarketing

C. Affiliatemarketing

D. Pay-Per-Click-advertenties (PPC)

Antwoord: D. Pay-Per-Click-advertenties (PPC)

6. Wat is een kenmerk van Content Marketing?

A. Het versturen van promotionele e-mails

B. Waardevolle content creëren om klanten aan te trekken en te behouden

C. Analyseren van websitegebruikersgedrag

D. De prestaties van mobiele apps bijhouden

Antwoord: B. Waardevolle content creëren om klanten aan te trekken en te behouden

7. Hoe werkt Affiliate Marketing?

A. Bedrijven verkopen producten rechtstreeks aan klanten

B. Bedrijven werken samen met partners om de producten van concurrenten te verkopen

C. Bedrijven werken samen met affiliates om producten te promoten voor een commissie

D. Affiliates betalen bedrijven voor het promoten van hun producten

Antwoord: C. Bedrijven werken samen met affiliates om producten te promoten voor een commissie

II. Zoekmachineoptimalisatie (SEO)

A. Trefwoordonderzoek

Keywordonderzoek is een cruciaal aspect van Search Engine Optimization (SEO), omdat het bedrijven helpt te begrijpen welke trefwoorden en zinnen potentiële klanten gebruiken om te zoeken naar producten en services zoals die van hen. Door hun websitecontent te optimaliseren voor deze trefwoorden, kunnen bedrijven hun zichtbaarheid op de pagina's met zoekmachineresultaten (SERP's) vergroten en meer organisch verkeer naar hun site leiden.

Keyword research omvat het identificeren van relevante keywords en zinnen om op te targeten, evenals het analyseren van hun populariteit, concurrentie en relevantie voor de aanbiedingen van een bedrijf. Dit kan worden gedaan via verschillende tools, zoals keyword research tools, Google Trends https://trends.google.com/trends/ ,

Semrush https://www.semrush.com/ , Ahrefs https://ahrefs.com/ en concurrentieanalyse.

Zodra de trefwoorden zijn geïdentificeerd, kunnen bedrijven ze opnemen in hun websitecontent, metatags en URL's om hun zoekmachineposities te verbeteren. Het is belangrijk om op te merken dat keyword stuffing, of het overmatig gebruiken van trefwoorden in een poging om de zoekmachineposities te manipuleren, wordt bestraft door zoekmachines en kan resulteren in lagere posities.

Om effectief te zijn, moet keyword research een doorlopend proces zijn, aangezien zoekalgoritmen en gebruikersgedrag voortdurend evolueren. Ook het aantal concurrenten dat op dezelfde keywords biedt, heeft invloed op de keyword cost per click en dus de prestaties. Regelmatige updates en aanpassingen aan de content en structuur van een website kunnen bedrijven helpen om voorop te blijven lopen en hun zoekmachineposities te behouden.

B. On-page optimalisatie

On-page optimalisatie verwijst naar de technieken en tactieken die worden gebruikt om individuele webpagina's te optimaliseren om hoger te scoren in zoekmachineresultatenpagina's (SERP's) en meer organisch verkeer aan te trekken. On-page optimalisatie is een belangrijk onderdeel van zoekmachineoptimalisatie (SEO) en kan een grote impact hebben op de zoekmachineposities van een website.

Enkele van de belangrijkste elementen van on-page optimalisatie zijn:

1. Titeltags: De titeltag is een cruciaal element omdat deze zoekmachines vertelt waar de

pagina over gaat en wordt weergegeven als klikbare link in de zoekresultaten.

2. Metagegevens: De metagegevens geven een korte samenvatting van de inhoud van de pagina en kunnen gebruikers verleiden om via de zoekresultaten op de pagina te klikken.

3. Headertags: Headertags (H1, H2, H3, enz.) helpen bij het structureren van de content en communiceren de hiërarchie ervan aan zowel gebruikers als zoekmachines.

4. Inhoud: De inhoud van de pagina moet van hoge kwaliteit, relevant en geoptimaliseerd voor trefwoorden zijn.

5. URL-structuur: De URL moet kort en beschrijvend zijn en relevante trefwoorden bevatten.

6. Interne links: Interne links naar andere relevante pagina's op de website kunnen de navigatie verbeteren en autoriteit aan die pagina's overdragen.

7. Optimalisatie van afbeeldingen: Door afbeeldingen te optimaliseren met beschrijvende bestandsnamen en alt-tags, kunt u de laadtijd en toegankelijkheid van de pagina verbeteren.

Naast deze elementen is het belangrijk om ervoor te zorgen dat de website gebruiksvriendelijk is, mobiel-responsief en een snelle laadtijd heeft. Door deze on-page elementen regelmatig te updaten en te optimaliseren, kunnen bedrijven hun zoekmachine rankings verbeteren en meer organisch verkeer aantrekken.

C. Off-page optimalisatie

Off-page optimalisatie verwijst naar de technieken en tactieken die worden gebruikt om de aanwezigheid en zichtbaarheid van een website buiten de eigen pagina's te optimaliseren. Off-page optimalisatie is een belangrijk onderdeel van

Search Engine Optimization (SEO) omdat het een grote impact kan hebben op de zoekmachineposities en zichtbaarheid van een website.

Enkele van de belangrijkste elementen van off-page optimalisatie zijn:

1. Linkbuilding: Linkbuilding omvat het verkrijgen van hoogwaardige, relevante backlinks van andere websites. Backlinks dienen als een goedkeuring van de inhoud van een website en kunnen de rankings in zoekmachines verbeteren.

2. Sociale media: Een sterke aanwezigheid op socialemediaplatforms kan bedrijven helpen contact te leggen met klanten, naamsbekendheid op te bouwen en verkeer naar hun website te trekken.

3. Online-gidsen: Door uw website aan te melden bij online-gidsen zoals Yelp, Google Mijn Bedrijf en branchespecifieke gidsen,

kunt u de zichtbaarheid verbeteren en meer verkeer genereren.

4. Vermeldingen van merken: Vermeldingen van een merk op andere websites, zelfs als het geen backlinks zijn, kunnen de zichtbaarheid en bekendheid van het merk vergroten.

5. Contentmarketing: Contentmarketing houdt in dat u waardevolle en relevante content creëert en verspreidt om een doelgroep aan te trekken en te behouden en winstgevende klantacties te stimuleren.

Off-page optimalisatie is een doorlopend proces dat zorgvuldige monitoring en analyse vereist om ervoor te zorgen dat de aanwezigheid en zichtbaarheid van een website continu verbeteren. Door te focussen op off-page optimalisatie kunnen bedrijven hun zoekmachine rankings verbeteren, meer organisch verkeer genereren en uiteindelijk hun online zichtbaarheid en succes vergroten.

D. SEO-succes meten

Het meten van het succes van Search Engine Optimization (SEO)-inspanningen is cruciaal om ervoor te zorgen dat investeringen op dit gebied de gewenste resultaten opleveren. Door het volgen en analyseren van belangrijke statistieken kunnen bedrijven inzicht krijgen in de effectiviteit van hun SEO-strategieën en datagestuurde beslissingen nemen om deze te verbeteren.

Enkele belangrijke statistieken voor SEO-succes zijn:

1. Organisch verkeer: Organisch verkeer verwijst naar het aantal bezoekers van een website die via een zoekmachine zijn gekomen. Dit is een van de belangrijkste statistieken om bij te houden, omdat het de

effectiviteit van de SEO-inspanningen van een website aangeeft.

2. Trefwoordrangschikkingen: Door de rangschikking van een website voor specifieke trefwoorden bij te houden, kunt u bepalen hoe effectief on-page en off-page optimalisatie-inspanningen zijn.

3. Bouncepercentage: Bouncepercentage is het percentage bezoekers dat een website verlaat na slechts één pagina te hebben bezocht. Een hoog bouncepercentage kan erop duiden dat de inhoud van de website niet relevant of boeiend is voor gebruikers, of dat media-assets of externe broninhoud te lang duurt om te laden en mensen gewoon afhaken, wat van invloed kan zijn op de zoekmachineposities van een site.

4. Conversiepercentage: Conversiepercentage is het percentage bezoekers dat een gewenste actie uitvoert, zoals een aankoop doen of een formulier invullen. Het

verbeteren van het conversiepercentage kan aangeven dat de inhoud van een website relevant en boeiend is voor gebruikers.

5. Tijd op de site: Tijd op de site is de gemiddelde tijd die een bezoeker op een website doorbrengt. Een langere tijd op de site kan aangeven dat de inhoud van een website boeiend en relevant is voor gebruikers.

6. Backlinkprofiel: Het aantal en de kwaliteit van backlinks naar een website kunnen van invloed zijn op de rankings in zoekmachines. Regelmatige controle van het backlinkprofiel kan helpen om negatieve veranderingen te identificeren en aan te pakken. U kunt prestatietools zoeken zoals Microsoft Bing Webmaster Tools https://www.bing.com/webmasters of Google Search Console https://search.google.com/search-console/performance/search-analytics .

Door deze statistieken regelmatig bij te houden, kunnen bedrijven een duidelijk inzicht krijgen in de effectiviteit van hun SEO-inspanningen en datagedreven beslissingen nemen om deze te verbeteren. Daarnaast is het belangrijk om SEO-strategieën voortdurend aan te passen en te laten evolueren op basis van veranderingen in de algoritmen van zoekmachines en het online landschap.

SEO Quizvragen

1. Wat helpt trefwoordonderzoek bedrijven vooral te bereiken op het gebied van SEO?
A. Verhoog de aanwezigheid op sociale media
B. Verbeter de esthetiek van het websiteontwerp
C. Begrijp het gebruikersgedrag op een website
D. Verbeter de zichtbaarheid in zoekmachineresultaten

Antwoord: D. Verbeter de zichtbaarheid in zoekmachineresultaten

2. Welke gevolgen heeft keyword stuffing voor de ranking van een website in zoekmachines?
A. Verhoogt het websiteverkeer aanzienlijk
B. Verbetert de betrokkenheid van gebruikers op de site
C. Gestraft door zoekmachines, wat leidt tot lagere rankings
D. Verbetert de geloofwaardigheid van de website

Antwoord: C. Gestraft door zoekmachines, wat leidt tot lagere rankings

3. Wat is het primaire doel van on-page optimalisatie in SEO?
A. Backlinkprofiel versterken
B. Verbeteren van de betrokkenheid op sociale media

C. Verbetering van de kwaliteit van de website-inhoud

D. Hoger scoren in zoekmachineresultaten

Antwoord: D. Hoger scoren in zoekmachineresultaten

4. Welk aspect is GEEN belangrijk element van on-page optimalisatie?

A. Inhoudelijke kwaliteit

B. URL-structuur

C. Externe linkbuilding

D. Beeldoptimalisatie

Antwoord: C. Externe linkbuilding

5. Welke off-page optimalisatietactiek houdt in dat je goedkeuringen verkrijgt voor de content van een website?

A. Linkbuilding

B. Betrokkenheid op sociale media

C. Online directory indiening

D. Merkvermeldingen

Antwoord: A. Linkbuilding

6. Hoe draagt off-page optimalisatie bij aan het succes van een website op het gebied van SEO?

A. Het verbetert de laadsnelheid van de website

B. Het verbetert de interne linkstructuren

C. Het heeft invloed op de zoekmachineposities en zichtbaarheid van een website

D. Het heeft direct invloed op de kwaliteit van de inhoud op de pagina

Antwoord: C. Het heeft invloed op de zoekmachineposities en zichtbaarheid van een website

7. Waarom is het belangrijk om het bouncepercentage bij te houden voor SEO-doeleinden?

A. Geeft de betrokkenheid van gebruikers op sociale media aan

B. Benadrukt de effectiviteit van trefwoordonderzoek

C. Bepaalt de laadsnelheid van de website

D. Beoordeelt de relevantie van de inhoud van de website voor gebruikers

Antwoord: D. Beoordeelt de relevantie van de inhoud van de website voor gebruikers

8. Welke metriek is cruciaal om inzicht te krijgen in de betrokkenheid van bezoekers op een website?

A. Organisch verkeer

B. Conversiepercentage

C. Trefwoordrangschikkingen

D. Tijd op de site

Antwoord: D. Tijd op de site

9. Welke invloed heeft een backlinkprofiel op de SEO van een website?

A. Het heeft direct invloed op de rangschikking van trefwoorden

B. Het verkort de laadtijd van de website

C. Het kan een positieve invloed hebben op de rangschikking van zoekmachines

D. Het bepaalt het organische verkeer van de website

Antwoord: C. Het kan een positieve invloed hebben op de rangschikking van zoekmachines

10. Wat moeten bedrijven voortdurend aanpassen in hun SEO-strategieën?

A. Keyword stuffing-technieken

B. Analyse van de backlinkkwaliteit

C. Frequentie van on-page optimalisatie

D. SEO-strategieën gebaseerd op algoritmewijzigingen en online trends

Antwoord: D. SEO-strategieën gebaseerd op algoritmewijzigingen en online trends

III. Pay-Per-Click-advertenties (PPC)

A. Overzicht van PPC-advertenties

Pay-Per-Click (PPC)-advertenties zijn een vorm van online adverteren waarbij adverteerders een vergoeding betalen telkens wanneer er op een van hun advertenties wordt geklikt. Met PPC-advertenties kunnen bedrijven snel en effectief een groot publiek bereiken en het kan een zeer effectieve manier zijn om verkeer te genereren en leads te genereren.

Bij PPC-advertenties maken bedrijven advertenties die worden weergegeven op pagina's met zoekresultaten (SERP's) of andere websites. Wanneer een gebruiker op een advertentie klikt, wordt de adverteerder een vergoeding in rekening gebracht, vandaar de naam "pay-per-click". Adverteerders bieden op trefwoorden waarvoor ze willen dat hun advertenties worden weergegeven en het bedrag dat ze bereid zijn te betalen voor elke klik. De advertenties worden soms gerangschikt op basis van hun relevantie, het geboden bedrag en de kwaliteitsscore van de adverteerder, die rekening houdt met factoren zoals de relevantie en kwaliteit van de advertentie en de landingspagina.

PPC-adverteren biedt verschillende voordelen, waaronder:

1. Snelle resultaten: In tegenstelling tot SEO, waar het maanden kan duren voordat u resultaten ziet, kan PPC-advertenties snel resultaten opleveren. Dit maakt het een geweldige optie voor bedrijven die in korte tijd leads willen genereren en verkeer willen stimuleren.
2. Doelgroep: Met PPC-advertenties kunnen bedrijven zich richten op specifieke demografieën, locaties, browsers, apparaten en trefwoorden. Zo kunnen ze ervoor zorgen

dat hun advertenties de juiste doelgroep bereiken.

3. Kosteneffectief: PPC-advertenties kunnen zeer kosteneffectief zijn, omdat bedrijven alleen betalen als er op hun advertenties wordt geklikt. Dit betekent dat bedrijven hun advertentiekosten kunnen beheersen en ervoor kunnen zorgen dat ze rendement op hun investering krijgen.

4. Meetbare resultaten: PPC-advertenties bieden gedetailleerde gegevens en inzichten in de prestaties van advertenties. Hierdoor kunt u de resultaten eenvoudig meten en campagnes indien nodig aanpassen.

Over het algemeen is PPC-adverteren een waardevol onderdeel van een uitgebreide digitale marketingstrategie. Door de basisprincipes van PPC-adverteren te begrijpen, kunnen bedrijven hun doelgroep effectief bereiken, leads genereren en verkopen stimuleren.

B. Een PPC-campagne opzetten

Het opzetten van een Pay-Per-Click (PPC) advertentiecampagne omvat verschillende stappen om het succes van de campagne te garanderen. Hieronder volgt een overzicht van het proces van het opzetten van een PPC-campagne:

1. Bepaal uw doelgroep: Bepaal de demografie, locaties en interesses van uw doelgroep. Zo kunt u de juiste trefwoorden selecteren en de juiste mensen bereiken.
2. Kies de juiste trefwoorden: Selecteer trefwoorden die relevant zijn voor uw bedrijf en doelgroep. Dit helpt ervoor te zorgen dat uw advertenties de juiste mensen bereiken en de beste resultaten genereren.
3. Maak overtuigende advertentieteksten: Schrijf advertenties die de aandacht trekken en een duidelijke waardepropositie bieden

voor de gebruiker. Zorg ervoor dat de tekst beknopt, relevant is en een call-to-action bevat.

4. Stel uw budget in: Bepaal uw budget voor de campagne en wijs fondsen toe aan elke advertentiegroep. Houd rekening met de kosten per klik, de gemiddelde positie en de kosten per conversie bij het instellen van uw budget.

5. Kies uw advertentieplatform: Selecteer het advertentieplatform dat het beste bij uw behoeften past, zoals Google Ads, Bing Ads, Facebook Ads, Outbrain of Taboola. Als u Google Ads gebruikt, raad ik u aan de kolommen voor trefwoorden en campagnes aan te passen: Stap 1: Klik in uw Google Ads-account op het pictogram Campagnes. Stap 2: Klik op het vervolgkeuzemenu Campagnes... Stap 3: Klik op het pictogram Kolommen... Stap 4: Selecteer Kolommen wijzigen in het vervolgkeuzemenu. Stap 5:

Kies welke kolommen u in uw tabel wilt hebben. Voorgestelde kolommen voor campagnes: Vert ., Klikken, CTR, Kosten, Gem. CPC, Conversies, Kosten/conv., Conv.percentage, Type biedstrategie. Voorgestelde kolommen voor trefwoorden: Overeenkomsttype, Vert ., Klikken, Kosten, Gem. CPC, Conversies, Kosten/conv., Conv.percentage, Kwaliteitsscore. Als u Facebook Ads gebruikt, raad ik u aan de kolommen aan te passen. Om kolommen in Meta Ads Manager aan te passen. Stap 1: Klik op Campagnes, Advertentiesets of Advertenties, afhankelijk van wat u wilt bijwerken. Stap 2: Klik op de vervolgkeuzelijst Kolommen en selecteer Kolommen aanpassen. Stap 3: Selecteer de kolommen die u wilt zien. Als u deze aanpassing wilt opslaan om later opnieuw te gebruiken, vinkt u het vakje aan met de tekst Opslaan als voorinstelling. Stap 3: Klik op

Toepassen. Voorgestelde kolommen: Campagnenaam, Levering, Budget, Resultaten, Vertoningen, Klikken (alle), Kosten per resultaat, Besteed bedrag, Conversiewaarde aankopen, Toevoegen aan winkelwagen, Afrekenen gestart .

Aanbevelingen voor het ontwerp van Facebook-advertenties

https://www.facebook.com/business/ads-guide/update/image

Aanbevelingen voor het ontwerpen van Facebook-advertentiesvideo's

https://www.facebook.com/business/ads-guide/update/video

6. Stel uw biedingen in: Bepaal het maximale bedrag dat u bereid bent te betalen voor elke klik en stel uw biedingen dienovereenkomstig in. Wees u bewust van uw budget en zorg ervoor dat uw biedingen zo zijn ingesteld dat uw rendement op investering wordt gemaximaliseerd.

7. Maak landingspagina's: Maak landingspagina's die relevant zijn voor uw advertenties en een duidelijke call-to-action bieden voor de gebruiker. Zorg ervoor dat de pagina's snel laden en mobielvriendelijk zijn. Als uw site doorverwijst naar HTTPS, gebruik dan die HTTPS-link als de doel-URL. Overweeg ook om URL-parameters toe te voegen, zie de Campaign URL Builder Tool https://ga-dev-tools.google/ga4/campaign-url-builder .

8. Lanceer uw campagne: Lanceer uw campagne en controleer deze regelmatig om ervoor te zorgen dat deze presteert zoals verwacht. Maak indien nodig aanpassingen om uw campagnes te optimaliseren en uw rendement op investering te maximaliseren.

Het opzetten van een succesvolle PPC-campagne vereist zorgvuldige planning en monitoring. Door deze stappen te volgen, kunnen bedrijven ervoor zorgen dat hun PPC- campagnes effectief en efficiënt zijn en de best mogelijke resultaten opleveren.

C. Zoekwoordenonderzoek voor PPC

Keyword research is een essentieel onderdeel van Pay-Per-Click (PPC)-advertenties, omdat het u helpt bepalen welke keywords en zinnen u in uw campagnes moet targeten. Door de juiste keywords te targeten, kunt u ervoor zorgen dat uw advertenties de juiste mensen bereiken en de beste resultaten genereren.

Hieronder volgt een overzicht van het proces van trefwoordonderzoek voor PPC-advertenties:

1. Bepaal uw doelgroep: Begrijp de demografie, locaties en interesses van uw doelgroep om u te helpen de juiste trefwoorden te selecteren en de juiste

mensen te bereiken. Als u het niet zeker weet, begin dan breed, bijvoorbeeld wereldwijd, voer vervolgens enkele eerste testcampagnes uit en richt u op de beste landen Geos nadat u wat gegevens hebt om te zien welke landen een hoge prestatie hebben.

2. Identificeer relevante trefwoorden: Gebruik trefwoordonderzoekstools, zoals de Google Keyword Planner, om trefwoorden te identificeren die relevant zijn voor uw bedrijf en doelgroep. Houd rekening met het zoekvolume, het concurrentieniveau en de kosten per klik voor elk trefwoord.

3. Groepeer trefwoorden in advertentiegroepen: Organiseer uw trefwoorden in groepen op basis van hun relevantie en thema. Dit helpt u uw advertenties effectiever te targeten en zorgt ervoor dat uw campagnes beter georganiseerd en beheersbaar zijn.

4. Zoekwoorden matchen met advertentietekst: Zorg ervoor dat uw advertentietekst relevant is voor de zoekwoorden die u target. Dit helpt ervoor te zorgen dat uw advertenties relevant zijn voor de gebruiker en de beste resultaten genereren.

5. Monitor en pas uw trefwoorden aan: Monitor uw trefwoorden regelmatig om te zien welke goed presteren en welke moeten worden aangepast of verwijderd. Wijzig uw trefwoorden indien nodig om uw campagnes te optimaliseren en uw rendement op investering te maximaliseren.

Volgens Google zijn trefwoorden woorden of zinnen die worden gebruikt om advertenties te matchen met de termen waarnaar mensen zoeken. De trefwoordmatchtypen bepalen hoe nauw het trefwoord moet matchen met de zoekopdracht van de gebruiker, zodat de advertentie in aanmerking komt voor de veiling. U kunt bijvoorbeeld brede match gebruiken om uw advertentie te tonen op een breder scala aan zoekopdrachten van gebruikers of u kunt exacte match gebruiken om u te richten op specifieke zoekopdrachten van gebruikers.

Brede match - Advertenties kunnen worden weergegeven bij zoekopdrachten die gerelateerd zijn aan uw trefwoord, waaronder zoekopdrachten die niet de directe betekenis van uw trefwoorden bevatten. Dit helpt u meer bezoekers naar uw website te trekken, minder tijd te besteden aan het samenstellen van trefwoordenlijsten en uw uitgaven te richten op trefwoorden die werken. Brede match is het standaard matchtype waaraan al uw trefwoorden worden toegewezen, omdat het het meest uitgebreid is. Dat betekent dat u geen ander matchtype hoeft op te geven (zoals exacte match of woordgroepmatch).

Phrase match - Advertenties kunnen worden weergegeven bij zoekopdrachten die de betekenis van uw trefwoord bevatten. De betekenis van het trefwoord kan worden geïmpliceerd en zoekopdrachten van gebruikers kunnen een specifiekere vorm van de betekenis zijn. Met phrase match kunt u meer zoekopdrachten bereiken dan met exacte match en minder zoekopdrachten dan met brede match, waarbij uw advertenties alleen worden weergegeven bij zoekopdrachten die uw product of service bevatten.

Exacte match - Advertenties kunnen worden weergegeven bij zoekopdrachten die dezelfde betekenis of intentie hebben als het trefwoord. Van de 3 opties voor trefwoordmatching geeft exacte match u de meeste controle over wie uw advertentie ziet, maar bereikt minder zoekopdrachten dan zowel frase- als brede match.

Door grondig trefwoordonderzoek uit te voeren, kunnen bedrijven ervoor zorgen dat hun PPC-campagnes gericht, effectief zijn en de best mogelijke resultaten opleveren.

Trefwoordonderzoek helpt bedrijven de juiste mensen te bereiken met de juiste boodschap en is een essentieel onderdeel van een succesvolle PPC-advertentiestrategie.

D. Advertentieteksten en landingspagina's maken

Het maken van advertentieteksten en landingspagina's is een belangrijke stap in het proces van Pay-Per-Click (PPC)-advertenties. Deze elementen zijn cruciaal om ervoor te zorgen dat uw advertenties relevant, boeiend en effectief zijn in het stimuleren van conversies.

Hieronder volgt een overzicht van het proces voor het maken van advertentieteksten en landingspagina's voor PPC-advertenties:

1. Schrijf overtuigende advertentieteksten: Schrijf advertentieteksten die duidelijk de

waardepropositie van uw product of dienst communiceren en die relevant zijn voor de trefwoorden waarop u zich richt. Houd uw advertentieteksten kort, eenvoudig en to the point en gebruik sterke call-to-action-zinnen. Een fout die mensen vaak maken bij het maken van campagnemicrosites is dat ze niet genoeg tekst op de site hebben en dat kan de kwaliteitsscore van trefwoorden in Google Ads laag maken, wat resulteert in hogere kosten per klik. Omdat u meer betaalt voor uw klikken, krijgt u er minder en uiteindelijk lagere conversies.

2. Maak een landingspagina: Uw landingspagina moet relevant zijn voor de trefwoorden en advertentietekst die u gebruikt, en moet zo zijn ontworpen dat bezoekers worden omgezet in klanten. Uw landingspagina moet duidelijke calls-to-action, afbeeldingen en video's van hoge

kwaliteit en relevante informatie over uw product of service bevatten.

3. Optimaliseer landingspagina-elementen: zorg ervoor dat uw landingspagina-elementen, zoals de kop, hoofdtekst en afbeeldingen, zijn geoptimaliseerd voor zoekmachines en voor gebruikersbetrokkenheid. Gebruik overtuigende tekst en aantrekkelijke afbeeldingen om bezoekers aan te sporen tot actie.

4. Test en verfijn: Test en verfijn regelmatig uw advertentietekst en landingspagina's om te zien wat het beste werkt. Probeer verschillende variaties van advertentieteksten, landingspagina-ontwerpen en calls-to-action om te zien wat aanslaat bij uw doelgroep en de beste resultaten oplevert.

Het creëren van effectieve advertentieteksten en landingspagina's is cruciaal voor het succes van uw PPC-campagnes. Door overtuigende advertentieteksten te maken en effectieve landingspagina's te ontwerpen, kunnen bedrijven meer klikken genereren, meer conversies genereren en een beter rendement op investering behalen uit hun PPC-advertentie-inspanningen.

E. Bodbeheer en budgetplanning

Bid management en budgetplanning zijn twee cruciale elementen van Pay-Per-Click (PPC)-advertenties. Deze elementen helpen bedrijven ervoor te zorgen dat ze het maximale uit hun advertentiebudget halen en tegelijkertijd de best mogelijke resultaten uit hun campagnes halen.

Hieronder vindt u een overzicht van biedingsbeheer en budgetplanning bij PPC-advertenties:

1. Bid management: Bid management omvat het instellen en aanpassen van het maximale bedrag dat u bereid bent te betalen voor een klik op uw advertentie. Het juiste bodbedrag kan u helpen uw advertenties voor het juiste publiek te krijgen, terwijl u ook uw rendement op investering maximaliseert.

2. Budgetplanning: budgetplanning is het proces waarbij u bepaalt hoeveel u bereid bent uit te geven aan uw PPC-campagnes en hoe u dat budget verdeelt over uw verschillende campagnes en advertentiekanalen.

3. Een dagelijks budget instellen: Door een dagelijks budget in te stellen voor uw PPC-campagnes, kunt u uw uitgaven controleren en overbestedingen voorkomen. Uw dagelijkse budget moet gebaseerd zijn op uw totale advertentiebudget en moet hoog genoeg zijn om ervoor te zorgen dat uw

advertenties de maximale hoeveelheid exposure krijgen.

4. Keywordonderzoek en targeting: Om de effectiviteit van uw PPC-campagnes te maximaliseren, is het belangrijk om de juiste keywords te targeten en uw campagnes te richten op uw meest winstgevende keywords. Keywordonderzoek kan u helpen bepalen welke keywords het meest relevant zijn voor uw doelgroep en waarschijnlijk de beste resultaten opleveren. Als algemene vuistregel geldt dat exacte targeting keywords zoals [digitale marketing] minder vertoningen en klikken krijgen dan "phrase" of broadmatch keywords.

5. Continue optimalisatie: Bid management en budgetplanning zijn doorlopende processen die continue optimalisatie vereisen. Controleer en pas regelmatig uw biedingen, budgetten en targetingstrategieën aan om

ervoor te zorgen dat u de best mogelijke resultaten uit uw PPC-campagnes haalt.

Door biedingen effectief te beheren en budgetten te plannen, kunnen bedrijven betere resultaten behalen met hun PPC-advertentieactiviteiten. Tegelijkertijd kunnen ze hun uitgaven beheersen en hun rendement op investeringen maximaliseren.

F. Het meten van PPC-succes

Het meten van het succes van een Pay-Per-Click (PPC) advertentiecampagne is essentieel om ervoor te zorgen dat de campagne de gewenste resultaten oplevert en om weloverwogen beslissingen te nemen over toekomstige campagnes. Hieronder volgt een overzicht van het meten van PPC-succes:

1. Key Performance Indicators (KPI's): KPI's zijn statistieken die u helpen het succes van

uw PPC-campagnes te evalueren. Veelvoorkomende KPI's zijn onder andere kosten per klik (CPC), klikfrequentie (CTR), conversiepercentage en rendement op advertentie-uitgaven (ROAS), maar kosten per conversie zouden de belangrijkste focus moeten zijn voor e-commercebedrijven.

2. Conversietracking: Met conversietracking kunt u het aantal conversies of gewenste acties meten die door uw PPC-campagnes worden gegenereerd. Deze informatie kan u helpen het algehele succes van uw campagnes en het rendement op investering te bepalen.

3. A/B-testen: A/B-testen houdt in dat u twee versies van een advertentie of landingspagina vergelijkt om te bepalen welke versie effectiever is. Dit kan u helpen de prestaties van uw campagnes te verbeteren en betere resultaten te behalen.

4. Analysetools: Analysetools, zoals Google Analytics https://analytics.google.com of Hotjar https://www.hotjar.com , of Piwik PRO https://piwik.pro/ , bieden gedetailleerde inzichten in de prestaties van uw PPC-campagnes. Deze tools kunnen u helpen bij het volgen en analyseren van belangrijke statistieken, zoals verkeer, doelconversies en ROAS, om het algehele succes van uw campagnes te bepalen.

5. Regelmatige rapportage en analyse: Regelmatige rapportage en analyse zijn essentieel voor het meten van PPC-succes. Dit omvat het regelmatig beoordelen van uw KPI's (bijv. kosten per conversie) en het nemen van datagestuurde beslissingen over hoe u uw campagnes kunt optimaliseren voor betere resultaten.

Door het meten van PPC-succes en het continu optimaliseren van uw campagnes, kunnen bedrijven ervoor zorgen dat hun PPC-inspanningen de best mogelijke resultaten opleveren en dat ze weloverwogen beslissingen nemen over toekomstige campagnes. ROAS, of Return on Ad Spend, is een cruciale metriek in digitale marketing. Het wordt berekend door de inkomsten die aan advertenties worden toegeschreven te delen door de kosten van die advertenties en vervolgens te vermenigvuldigen met 100. Als een advertentiecampagne van $ 1000 bijvoorbeeld $ 3000 aan inkomsten oplevert, is de ROAS 3, wat duidt op een zeer gunstige uitkomst. Deze metriek is cruciaal voor het optimaliseren van advertentiestrategieën en het garanderen van maximale winstgevendheid.

PPC Quizvragen

1. Wat is de primaire betalingsstructuur bij Pay-Per-Click (PPC)-advertenties?

A. Maandelijkse abonnementskosten

B. Betalen op basis van impressies

C. Een vergoeding per advertentieweergave

D. Betaling voor elke aangeklikte advertentie

Antwoord: D. Betaling voor elke aangeklikte advertentie

2. Welke rol speelt advertentierelevantie bij PPC-advertenties?

A. Bepaalt de visuele aantrekkingskracht van de advertentie

B. Bepaalt de frequentie van advertentievertoningen

C. Beïnvloedt de kosten per klik (CPC)

D. Heeft invloed op de positie van de advertentie op een webpagina

Antwoord: C. Beïnvloedt de kosten per klik (CPC)

3. Wat is het doel van het maken van advertentiegroepen in een PPC-campagne?

A. Om advertentieplaatsingen op webpagina's te organiseren

B. Om verschillende advertentiebudgetten voor elke groep toe te wijzen

C. Om trefwoorden te segmenteren op basis van relevantie

D. Om individuele biedbedragen voor elke groep in te stellen

Antwoord: C. Om trefwoorden te segmenteren op basis van relevantie

4. Welke invloed heeft bid management op PPC-advertenties?

A. Bepaalt het aantal weergegeven advertenties

B. Heeft direct invloed op de scores van advertentiekwaliteit

C. Bepaalt het visuele ontwerp van de advertentie

D. Stelt de maximale betaling voor advertentieklikken in

Antwoord: D. Stelt de maximale betaling voor advertentieklikken in

5. Wat is het belang van A/B-testen in PPC-campagnes?
A. Advertentieprestaties in realtime bewaken
B. Segmenteren van doelgroepen op basis van gedrag
C. Twee versies van een advertentie of landingspagina vergelijken
D. Conversies bijhouden op verschillende platforms

Antwoord: C. Twee versies van een advertentie of landingspagina vergelijken

6. Hoe profiteert conversietracking van PPC-campagnes?

A. Meet de betrokkenheid van het publiek bij advertenties

B. Bepaalt het aantal klikken op een advertentie

C. Evalueert de effectiviteit van het advertentieontwerp

D. Meet het succes van door advertenties gegenereerde acties

Antwoord: D. Meet het succes van door advertenties gegenereerde acties

7. Welk element maakt GEEN deel uit van het opzetten van een PPC-campagne?

A. Advertentietekst maken

B. Doelgroep definiëren

C. Relevante trefwoorden identificeren

D. Interne websitelinks bouwen

Antwoord: D. Interne websitelinks bouwen

8. Waarom is het meten van Return on Ad Spend (ROAS) cruciaal bij PPC-advertenties?

A. Bepaalt de laadsnelheid van de website

B. Evalueert de klikfrequentie van de advertentie

C. Beoordeelt de visuele aantrekkingskracht van de advertentie

D. Optimaliseert advertentiestrategieën voor winstgevendheid

Antwoord: D. Optimaliseert advertentiestrategieën voor winstgevendheid

9. Waarmee helpt een dagbudget vooral bij het beheersen van PPC-campagnes?

A. Het aantal gebruikte trefwoorden

B. De frequentie van advertentievertoningen

C. Het bedrag dat aan elke advertentieklik wordt besteed

D. De algemene limieten voor campagne-uitgaven

Antwoord: D. De algemene bestedingslimieten voor de campagne

IV. Sociale media marketing

A. Overzicht van sociale mediaplatforms

Social media platforms zijn online communities waar mensen informatie kunnen delen, met anderen kunnen communiceren en hun mening kunnen uiten. In digitale marketing worden social media platforms vaak gebruikt om producten, diensten en merkbekendheid te promoten. Hieronder volgt een overzicht van populaire social media platforms:

1. Facebook: Facebook is het grootste social media platform met meer dan 2 miljard maandelijks actieve gebruikers. Het is een platform waar mensen contact kunnen maken met vrienden, content kunnen delen en zich kunnen aansluiten bij groepen die gerelateerd zijn aan hun interesses. Vriendelijke opmerking: als u de beheerder bent van uw Facebook-pagina, zorg er dan voor dat u een andere vriend toevoegt als

beheerder voor het geval u wordt buitengesloten van uw account.
https://www.facebook.com/

2. X (voorheen Twitter): X is een microbloggingplatform waarmee gebruikers korte berichten, of "tweets", kunnen delen met hun volgers. X wordt veel gebruikt door bedrijven om producten te promoten, contact te leggen met klanten en nieuws en updates te delen. https://x.com

3. Instagram: Instagram is een visueel platform waar gebruikers foto's en korte video's kunnen delen met hun volgers. Het is vooral populair onder bedrijven in de mode-, beauty- en lifestyle-industrie.
https://www.instagram.com

4. LinkedIn: LinkedIn is een professioneel netwerkplatform dat door bedrijven wordt gebruikt om verbinding te maken met andere bedrijven en professionals. Het is een platform voor bedrijven om hun producten en

diensten te promoten en om nieuwe werknemers te werven.

https://www.linkedin.com/

5. YouTube: YouTube is een video-sharing platform waar gebruikers video's kunnen uploaden, delen en bekijken. Het wordt veel gebruikt door bedrijven om hun producten en diensten te promoten via videomarketing.

https://www.youtube.com/

6. Pinterest: Pinterest is een visueel ontdekkings- en bladwijzerplatform waar gebruikers afbeeldingen en ideeën kunnen opslaan en delen die verband houden met hun interesses. Het wordt veel gebruikt door bedrijven in de mode-, beauty- en interieurdecoratie-industrie.

https://www.pinterest.com/

7. TikTok. Sluit je aan bij de miljoenen kijkers die content en makers ontdekken op TikTok - beschikbaar op het web of op je mobiele apparaat. https://www.tiktok.com

Dit zijn slechts enkele voorbeelden van de vele social media platforms die er vandaag de dag zijn. In digitale marketing is het belangrijk om de juiste platforms te kiezen die het meest relevant zijn voor uw doelgroep en bedrijfsdoelen.

B. Een social media strategie ontwikkelen

Het ontwikkelen van een social media strategie is een essentiële stap in het maximaliseren van de voordelen van social media marketing. Een social media strategie moet de doelen en doelstellingen van uw social media aanwezigheid schetsen, uw doelgroep bepalen en de platforms en content identificeren die uw doelgroep het beste zullen aanspreken. Dit zijn de belangrijkste stappen in het ontwikkelen van een social media strategie:

1. Definieer uw doelen en doelstellingen: begin met het definiëren van wat u wilt bereiken met uw aanwezigheid op sociale media. Dit

kan het vergroten van de naamsbekendheid, het genereren van verkeer naar uw website, het genereren van leads of het verbeteren van de betrokkenheid van klanten omvatten.

2. Identificeer uw doelgroep: Wie is uw ideale klant en wat zijn hun behoeften en voorkeuren? Inzicht in uw doelgroep helpt u bij het kiezen van de juiste platforms en het creëren van content die bij hen resoneert.

3. Kies de juiste platforms: Niet alle social media platforms zijn gelijk. Kies platforms die relevant zijn voor uw doelgroep en bedrijfsdoelen. Als uw doelgroep bijvoorbeeld B2B is, is LinkedIn wellicht het beste platform voor u.

4. Maak een contentkalender: Plan het type content dat u op sociale media publiceert en de frequentie van uw berichten. Dit helpt om een consistente stroom van content te garanderen en de druk te verminderen om dagelijks met nieuwe ideeën te komen.

5. Ga de interactie aan met je publiek: Social media is een tweerichtingsgesprek. Moedig je volgers aan om met je in contact te komen door te reageren op opmerkingen, wedstrijden te organiseren en om feedback te vragen. Probeer shares te krijgen, geen likes, want shares verhogen het totale aantal views op je bericht omdat iedereen die je bericht deelt je eigen volgers voorschotelt.

6. Meten en aanpassen: Meet regelmatig de resultaten van uw social media-inspanningen en pas uw strategie indien nodig aan. Dit helpt u te begrijpen wat werkt en wat niet, en weloverwogen beslissingen te nemen over hoe u uw social media-aanwezigheid kunt optimaliseren.

7. Bespaar tijd door AI te gebruiken om berichten te automatiseren. Dit wordt uitgebreider behandeld in het gedeelte 'AI gebruiken in digitale marketing'.

Door deze stappen te volgen, kunt u een socialmediastrategie ontwikkelen die aansluit bij uw bedrijfsdoelen en die u helpt om effectief met uw doelgroep in contact te komen op social media.

C. Inhoud maken en delen

Het creëren en delen van content is een cruciaal aspect van social media marketing. De juiste content kan helpen om merkbekendheid op te bouwen, contact te maken met uw doelgroep en verkeer naar uw website te leiden. Hier zijn enkele tips voor het creëren en delen van effectieve content op social media:

1. Ken uw publiek: begin met het begrijpen van uw doelgroep en wat voor soort content zij zoeken. Dit zal u helpen content te creëren die bij hen resoneert en inspeelt op hun behoeften en interesses.

2. Creëer een verscheidenheid aan content: Wissel de soorten content die u deelt op sociale media af. Dit kan tekstgebaseerde berichten, afbeeldingen, video's, infographics en meer zijn. Deze verscheidenheid houdt uw publiek betrokken en verkleint de kans op verveling.

3. Gebruik visuals: Visuele content is aantrekkelijker dan tekstuele content. Gebruik afbeeldingen, video's en infographics om tekst op te splitsen en uw content interessanter en visueel aantrekkelijker te maken.

4. Gebruik storytelling: Mensen voelen zich van nature aangetrokken tot verhalen, en verhalen vertellen via uw content kan helpen om het gedenkwaardiger en impactvoller te maken. Of u nu een persoonlijk verhaal deelt of een getuigenis van een klant laat zien, storytelling kan u helpen om contact te

maken met uw publiek en merkloyaliteit op te bouwen.

5. Optimaliseer voor elk platform: Verschillende social media platforms hebben verschillende vereisten voor de grootte en het formaat van afbeeldingen en video's. Zorg ervoor dat u uw content optimaliseert voor elk platform om ervoor te zorgen dat deze correct wordt weergegeven en er op zijn best uitziet.

6. Promoot door gebruikers gegenereerde content: moedig uw volgers aan om hun eigen content te delen die gerelateerd is aan uw merk. Dit kan het delen van hun foto's, ervaringen of gedachten over uw producten of diensten omvatten.

7. Meten en aanpassen: Meet regelmatig de prestaties van uw content en pas deze indien nodig aan. Dit helpt u te begrijpen welk type content aanslaat bij uw publiek en welk type content niet, en u kunt weloverwogen beslissingen nemen over

welke content u in de toekomst wilt maken en delen.

Door deze tips te volgen, kunt u content creëren en delen die effectief aansluit bij uw doelgroep en die uw social media marketingdoelen ondersteunt.

D. Interactie met volgers

Betrokkenheid bij volgers is een belangrijk aspect om op te focussen. Betrokkenheid verwijst naar het proces van interactie met en reageren op uw publiek op social media platforms. Dit kan gedaan worden via verschillende methoden zoals comments, likes, shares, retweets en directe berichten.

Het doel van engagement is om een betekenisvolle connectie te creëren met je volgers, merkloyaliteit op te bouwen en je bereik op social media te vergroten. Het is belangrijk om naar je publiek te luisteren, zo snel mogelijk te reageren op hun opmerkingen en vragen en actief deel te nemen aan online conversaties die gerelateerd zijn aan je merk.

Door contact te maken met uw volgers, kunt u een tweerichtingscommunicatie creëren en een sterke, persoonlijke verbinding met uw publiek tot stand brengen. Dit kan u helpen de naamsbekendheid te vergroten, verkeer naar uw website te leiden en uw social media-prestaties in de loop van de tijd te verbeteren.

E. Het meten van het succes van sociale media

Het meten van het succes van uw social media-inspanningen is een belangrijk aspect om op te focussen. Om te begrijpen of uw social media-inspanningen resultaten opleveren, moet u duidelijke statistieken en doelen vaststellen en uw prestaties in de loop van de tijd bijhouden.

Er zijn verschillende statistieken waarmee u het succes van uw social media marketing kunt meten, waaronder:

1. Betrokkenheidspercentages: dit omvat vind-ik-leuks, reacties, delen, retweets en andere vormen van interactie met uw content.

2. Volgers: Houd bij hoeveel volgers u op elk platform heeft en volg de groei in de loop van de tijd.

3. Verkeer: Houd bij hoeveel klikken er vanuit uw sociale mediaprofielen naar uw website gaan en kijk of dit aantal toeneemt.

4. Leadgeneratie: Houd bij hoeveel leads u genereert via uw sociale media-activiteiten, zoals e-mailaanmeldingen of contactformulierinzendingen.

5. Verkoop: Houd bij hoeveel verkopen of conversies er via uw sociale-mediaprofielen zijn gegenereerd.

Door deze statistieken regelmatig te monitoren en analyseren , kunt u identificeren welke bron en welk medium goed werken en wat verbeterd moet worden, en datagedreven beslissingen nemen om uw social media marketinginspanningen te optimaliseren. Het is belangrijk om realistische doelen en benchmarks te stellen en uw prestaties consistent te volgen en analyseren om uw resultaten in de loop van de tijd continu te verbeteren.

Quizvragen over social media marketing

1. Welk platform is specifiek populair onder bedrijven in de mode-, beauty- en lifestyle-industrie?

A. LinkedIn

B. X (voorheen Twitter)

C.Instagram

D.Facebook

Antwoord: C. Instagram

2. Wat is de primaire functie van het ontwikkelen van een social media strategie?

A. Verhoog het aantal volgers

B. Bepaal het meest gebruikte platform

C. Schets doelen en betrek alle gebruikers erbij

D. Stem de aanwezigheid op sociale media af op de bedrijfsdoelstellingen

Antwoord: D. Stem de aanwezigheid op sociale media af op de bedrijfsdoelstellingen

3. Welke stap in de social media-strategie omvat het plannen van de frequentie en het type content?

A. Doelen en doelstellingen definiëren

B. Interactie met het publiek

C. Een contentkalender maken

D. Meten en afstellen

Antwoord: C. Een contentkalender maken

4. Waarom wordt door gebruikers gegenereerde content gepromoot in social media marketing?

A. Verhoogt de advertentiekosten

B. Vermindert de behoefte aan originele contentcreatie

C. Betrekt het publiek en verhoogt het totale aantal weergaven

D. Verbetert platformspecifieke optimalisaties

Antwoord: C. Betrekt het publiek en verhoogt het totale aantal weergaven

5. Welk aspect van contentcreatie wordt NIET benadrukt in social media marketing?

A. Gebruikmaken van verschillende soorten inhoud

B. Boeiende verhalen vertellen

C. Persoonlijke berichten voor elke volger

D. Optimaliseren van content voor elk platform

Antwoord: C. Persoonlijke berichten voor elke volger

6. Wat definieert betrokkenheid bij social media marketing?

A. Het aantal likes op een bericht

B. De frequentie van het delen van inhoud

C. Interactie en respons met het publiek

D. Het aantal volgers dat wekelijks wordt gewonnen

Antwoord: C. Interactie en respons met het publiek

7. Welke metriek wordt gebruikt om het aantal klikken van sociale media naar een website bij te houden?

A. Betrokkenheidspercentages

B. Aantal volgers

C. Verkeer

D. Leadgeneratie

Antwoord: C. Verkeer

8. Welk social media platform staat vooral bekend om microbloggen?

A.Instagram

B. LinkedIn

C. X (voorheen Twitter)

D.YouTube

Antwoord: C. X (voorheen Twitter)

9. Wat is het belangrijkste doel van het meten van succes op sociale media?

A. Om het aantal volgers te vergroten

B. Om de betrokkenheidspercentages maandelijks bij te houden

C. Om aan te sluiten bij de bedrijfsdoelstellingen

D. Om verkeer uitsluitend via sociale media te genereren

Antwoord: C. Om aan te sluiten bij de bedrijfsdoelstellingen

10. Wat moet een social media strategie bij het publiek bereiken?

A. Een persoonlijke connectie

B. Een eenrichtingscommunicatie

C. Een op zaken gerichte relatie

D. Een platformspecifieke interactie

Antwoord: A. Een persoonlijke connectie

V. Contentmarketing

A. Overzicht van contentmarketing

Contentmarketing is een strategie waarbij waardevolle, relevante en consistente content wordt gecreëerd en gedeeld met als doel een specifieke doelgroep aan te trekken en te behouden en uiteindelijk winstgevende klantacties te stimuleren.

Dit type marketing maakt gebruik van verschillende vormen van content, zoals blogposts, artikelen, infographics, podcasts, video's en meer, om contact te maken met uw doelgroep en na verloop van tijd vertrouwen bij hen op te bouwen. Door waardevolle informatie te verstrekken en problemen voor uw doelgroep op te lossen, kunt u uw merk vestigen als een thought leader in uw branche en uzelf positioneren als een vertrouwde bron voor uw klanten.

Naast het opbouwen van vertrouwen en geloofwaardigheid bij uw publiek, kan contentmarketing ook verkeer naar uw website leiden, uw zichtbaarheid in zoekmachines vergroten en leads en verkopen voor uw bedrijf genereren. Het is een effectieve manier om contact te maken met uw publiek en de waarde van uw merk te communiceren op een manier die zowel informatief als plezierig is voor uw klanten.

Door een sterke contentmarketingstrategie op te nemen in uw algehele digitale marketingplan, kunt u een langdurige, waardevolle relatie met uw doelgroep opbouwen en een aanzienlijke impact op uw winst zien.

B. Contentmarketingstrategie

Contentmarketingstrategieën die u zou moeten overwegen, zijn onder meer:

1. Bloggen: Regelmatig blogposts maken en publiceren om doelgroepen te informeren en te onderwijzen. De helft van de marketeers gebruikt video's, 47% maakt gebruik van afbeeldingen, gevolgd door 33% die blogartikelen, infographics (30%) en podcasts of andere audiocontent (28%) post. (Bron statistieken: HubSpot Blog's 2024 Marketing Strategy & Trends Report https://blog.hubspot.com/marketing/hubspot-blog-marketing-industry-trends-report)

2. Infographics: Visuele weergave van informatie of gegevens in een grafische vorm om complexe ideeën eenvoudig te begrijpen.

3. E-books en whitepapers: Lange content met diepgaande informatie over een specifiek onderwerp.

4. Casestudies: Gedetailleerde analyse van een specifiek geval om te laten zien hoe een

product of dienst een probleem voor een klant heeft opgelost.

5. Videocontent: video gebruiken om informatie te delen, verhalen te vertellen of producten en diensten te demonstreren.

6. Webinars: Online presentaties die doelgroepen in real-time informeren en informeren.

7. Content voor sociale media: het maken en delen van content op socialemediaplatforms om in contact te komen met doelgroepen en verkeer naar een website te leiden.

8. Podcasts: Wist je dat bijna de helft van de podcastluisteraars ervoor kiest om advertenties over te slaan? (Bron statistieken: https://www.marketingweek.com/podcast-ad-avoidance/)

9. E-mailmarketing: Regelmatig e-mails sturen naar abonnees om hen te informeren en relaties op te bouwen.

10. Live streaming: Videochat

Dit zijn enkele populaire strategieën voor contentmarketing die u inzicht geven in hoe u op een effectieve manier content kunt creëren en verspreiden om uw doelgroep te bereiken en te betrekken.

C. Waardevolle inhoud creëren en delen

Het creëren en delen van waardevolle content is een essentieel aspect om uw doelgroep te betrekken en vertrouwen op te bouwen. De content moet educatief, informatief en relevant zijn voor de interesses van uw doelgroep. Enkele contentformaten om te overwegen zijn blogposts, infographics, video's, e-books, casestudies en meer. Om maximale impact te garanderen, moet de content goed onderzocht, visueel aantrekkelijk en geoptimaliseerd zijn voor zoekmachines. Het is ook belangrijk om uw content te delen op verschillende kanalen om een breder publiek te bereiken, waaronder uw website, sociale media en e-mailmarketing. Het doel van het creëren en delen van waardevolle content is om uw merk te vestigen als een thought leader in de branche en betrokkenheid, leads en conversies te stimuleren. Algemene regel om te proberen deze elementen op hun plaats te hebben: kop, visueel, gedetailleerde tekst, call to action (link).

D. Het meten van het succes van contentmarketing

Het meten van het succes en falen van uw contentmarketinginspanningen is cruciaal om te begrijpen wat werkt en wat niet, en om statistische datagedreven beslissingen te nemen voor toekomstige strategieën. Hier zijn enkele statistieken die u kunt gebruiken om de effectiviteit van uw contentmarketing te evalueren:

1. Verkeer: Volg het aantal bezoekers op uw website, blog of app en analyseer waar ze

vandaan komen. Dit geeft u een idee van welke broninhoud het meeste verkeer genereert.

2. Engagement: Meet engagement door statistieken bij te houden zoals tijd op de site, aantal reacties, social media shares en likes. Dit geeft je een idee van hoe goed je content aanslaat bij je publiek. Vergeet niet om op alle reacties te reageren, social media heeft participatie nodig.

3. Leadgeneratie: Houd bij hoeveel leads u genereert via uw contentmarketinginspanningen, zoals e-mailabonnees, aanmeldingen voor nieuwsbrieven en inzendingen via contactformulieren.

4. Conversiepercentages: Meet het aantal gebeurtenissen en conversies van uw contentmarketinginspanningen, zoals het aantal verkopen of aanmeldingen.

5. Rendement op investering (ROI): bereken het rendement op uw contentmarketinginspanningen door de gegenereerde omzet te delen door de kosten voor het maken, distribueren of adverteren van de content.

Het is belangrijk om deze statistieken regelmatig bij te houden en te analyseren om uw contentmarketingstrategie continu te verbeteren en uw doelen te bereiken. Bekijk deze voorbeelden van webcontentbeheersites: https://ghost.org/ , https://webflow.com/ , https://unicornplatform.com/ , https://www.squarespace.com/ , https://www.patreon.com/ , https://www.wix.com/

Quizvragen over contentmarketing

1. Wat is het primaire doel van contentmarketing?

A. Maximaal verkeer genereren

B. Een algemeen publiek aantrekken

C. Een specifieke doelgroep bereiken

D. Directe promotie van producten of diensten

Antwoord: C. Een specifieke doelgroep bereiken

2. Welke vorm van content wordt NIET vaak gebruikt in contentmarketing?
A. Blogberichten
B. Sociale media memes
C. Casestudies
D. Infografieken

Antwoord: B. Social media memes

3. Wat is het belangrijkste doel van het creëren en delen van waardevolle content?
A. Directe verkoop tot stand brengen
B. Vertrouwen en betrokkenheid opbouwen
C. Willekeurig online verkeer aantrekken
D. Website-ontwerp maximaliseren

Antwoord: B. Vertrouwen en betrokkenheid opbouwen

4. Welke statistiek helpt meten in hoeverre uw content aanslaat bij uw publiek?

A. Aantal websitebezoekers

B. Tijd doorgebracht op de site

C. Het volume van berichten op sociale media

D. Frequentie van blogupdates

Antwoord: B. Tijd doorgebracht op de site

5. Welke maatstaf wordt NIET veel gebruikt om het succes van contentmarketing te evalueren?

A. Verkeer

B. Conversiepercentages

C. Merkbekendheid

D. Trends op de aandelenmarkt

Antwoord: D. Trends op de aandelenmarkt

6. Welke strategie omvat real-time online presentaties voor educatieve doeleinden?

A. Bloggen

B. Casestudies

C. Webinars

D.Podcasts

Antwoord: C. Webinars

7. Welk type content biedt diepgaande informatie over een specifiek onderwerp?

A. Blogberichten

B. Infografieken

C. E-books en whitepapers

D. Video-inhoud

Antwoord: C. E-books en whitepapers

8. Welke vorm van content biedt vaak een grafische weergave van complexe gegevens?

A. Video's

B.Podcasts

C. Infografieken

D. Webinars

Antwoord: C. Infographics

9. Welke statistiek geeft aan hoeveel leads er via contentmarketing zijn gegenereerd?

A. Conversiepercentages

B. Verkeer

C. Betrokkenheid

D. Leadgeneratie

Antwoord: D. Leadgeneratie

10. Wat is het belangrijkste voordeel van het regelmatig bijhouden van contentmarketingstatistieken?

A. Onmiddellijke stijging van de omzet

B. Verbeteren van websiteontwerp

C. Continue verbetering in strategie

D. Het volume van de gecreëerde content verminderen

Antwoord: C. Continue verbetering in strategie

VI. E-mailmarketing

A. Overzicht van e-mailmarketing

E-mailmarketing is het gebruik van e-mail om producten, diensten te promoten of relaties op te bouwen met potentiële en bestaande klanten. Het is een kosteneffectieve manier om een groot publiek te bereiken en verkeer naar een website te leiden, de verkoop te verhogen en merkbekendheid op te bouwen. Hier is een overzicht van e-mailmarketing:

1. Doelgroep: Een van de belangrijkste voordelen van e-mailmarketing is de mogelijkheid om specifieke groepen mensen te targeten. U kunt uw e-maillijst segmenteren op basis van demografie, gedrag of interesses om gepersonaliseerde berichten te sturen.

2. Meetbare resultaten: E-mailmarketing is eenvoudig meetbaar met statistieken zoals open rates, link click-through rates,

conversiepercentages en meer. Hiermee kunt u het succes van uw Electronic Direct Mail (EDM)-campagnes bijhouden en datagestuurde beslissingen nemen voor toekomstige strategieën.

3. Kosteneffectief: Vergeleken met andere marketingkanalen is e-mailmarketing kosteneffectief en heeft het een hoog rendement op investering (ROI). Het vereist slechts een kleine investering in e-mailmarketingsoftware of -diensten en de creatie van uw e-mailinhoud.

4. Flexibiliteit: E-mailmarketing biedt een hoge mate van flexibiliteit, van de frequentie van verzonden e-mails tot het type content dat is opgenomen. U kunt nieuwsbrieven, promotionele e-mails, transactionele e-mails en meer verzenden om uw publiek te bereiken.

5. Automatisering: E-mailmarketingsoftware en -services bieden

automatiseringsmogelijkheden, zoals
geactiveerde e-mails op basis van het
gedrag van abonnees , geautomatiseerde
welkomstmails en meer. Dit bespaart tijd en
moeite, terwijl het toch een persoonlijke
touch aan uw publiek biedt.

Over het algemeen is e-mailmarketing een
essentieel onderdeel van een uitgebreide digitale
marketingstrategie. Door de basisprincipes van e-
mailmarketing te begrijpen en deze effectief te
gebruiken, kunnen bedrijven hun marketingdoelen
bereiken en op persoonlijk niveau contact maken
met hun publiek.

B. Een e-maillijst opbouwen

Het opbouwen van een e-maillijst is een cruciaal
onderdeel van e-mailmarketingsucces. Met een
gerichte en betrokken e-maillijst kunt u uw publiek
rechtstreeks bereiken en uw producten of diensten

promoten. Hier zijn enkele stappen om een e-maillijst op te bouwen:

1. Bied een waardevolle prikkel: Geef mensen een goede reden om zich in te schrijven voor uw e-maillijst, zoals een exclusieve korting, een gratis e-book of webinar, of toegang tot exclusieve content.
2. Plaats formulieren om u aan te melden voor de nieuwsbrief op uw website, meestal in de voettekst. Maak het voor bezoekers eenvoudig om zich aan te melden voor uw e-maillijst door aanmeldformulieren op uw website, blog en landingspagina's te plaatsen.
3. Maak gebruik van sociale media: promoot uw e-maillijst op sociale media en maak het voor volgers eenvoudig om zich aan te melden via een link in uw bio of door een landingspagina met een aanmeldformulier te promoten.

4. Bied opt-ins aan tijdens het afrekenproces: Als u online producten of diensten verkoopt, biedt u tijdens het afrekenproces de mogelijkheid om u aan te melden voor uw e-maillijst.

5. Werk samen met andere bedrijven: werk samen met complementaire bedrijven om elkaars e-maillijsten te promoten.

6. Segmenteer uw lijst: segmenteer uw e-maillijst op basis van de interesses, het gedrag en demografie van uw abonnees, zodat u gerichte en gepersonaliseerde berichten kunt versturen.

7. Bied waarde: zodra iemand zich bij uw e-maillijst heeft aangesloten, moet u ervoor zorgen dat u waarde levert met elke e-mail die u verzendt. Dit kan educatieve content, promoties of gewoon het op de hoogte houden van uw publiek over uw bedrijf omvatten.

8. Het is niet nodig om een webpresence te hebben om een e-maillijst op te bouwen, u kunt bijvoorbeeld een geavanceerde zoekopdracht gebruiken om te proberen contacten te vinden. Als u de websites opent vanuit de zoekresultaten hier, zult u zien dat ze bijna allemaal e-mailadressen beschikbaar hebben. Bijvoorbeeld: https://www.google.com/ search?q =email+%40+.com+Copyright+©+2025

Het opbouwen van een e-maillijst kost tijd en moeite, maar het is een waardevolle investering voor het succes van uw e-mailmarketinginspanningen op de lange termijn. Er zijn ook veel tools die u tijd besparen, zoals bijvoorbeeld e-mail extractors die alleen e-mails uit een grote hoeveelheid tekst halen. https://www.text-utils.com/extract-emails/ . Door deze stappen te volgen en consequent waardevolle content te leveren, kunt u een gerichte en betrokken e-maillijst opbouwen die uw bedrijf vooruit zal helpen.

C. Effectieve e-mails maken

Het creëren van effectieve e-mails die uw abonnees en klanten betrekken en converteren, is essentieel voor het succes van uw e-mailmarketing. Hier zijn enkele tips voor het creëren van effectieve e-mails:

1. Definieer het doel duidelijk: Voordat u begint met het maken van uw e-mail, definieert u het doel van de e-mail. Is het om een product te promoten, educatieve content te bieden of relaties op te bouwen met uw publiek?
2. Ken uw publiek: Begrijp uw publiek en wat ze in hun inbox willen ontvangen. Gebruik segmentatie om e-mails te personaliseren

op basis van het gedrag, de interesses en demografie van abonnees.

3. Gebruik een duidelijke onderwerpregel: de onderwerpregel is het eerste wat abonnees zien. Deze moet de aandacht trekken en duidelijk het doel van de e-mail overbrengen.

4. Houd het simpel: Houd het ontwerp en de inhoud van uw e-mails simpel en gemakkelijk leesbaar. Gebruik duidelijke en beknopte taal en vermijd het gebruik van te veel afbeeldingen of grote tekstblokken.

5. Maak het visueel aantrekkelijk: gebruik aantrekkelijke visuele elementen, zoals afbeeldingen en grafieken, om uw e-mails aantrekkelijker en gedenkwaardiger te maken.

6. Zorg voor waarde: zorg voor waarde in elke e-mail die u verstuurt, of het nu gaat om educatieve content, promoties of updates over uw bedrijf.

7. Call to action: Voeg in elke e-mail een duidelijke call to action toe, of het nu gaat om de aankoop van een product, het bezoeken van een landingspagina of het aanmelden voor een webinar.

8. Testen en optimaliseren: test en optimaliseer uw e-mails regelmatig op basis van statistieken zoals openingspercentages, doorklikpercentages en conversiepercentages.

Door deze tips te volgen, kunt u effectieve e-mails maken die uw abonnees en klanten aanspreken en converteren, en zo het succes van uw e-mailmarketinginspanningen bevorderen.

D. Automatisering en personalisatie

Automatisering en personalisatie zijn belangrijke onderdelen van effectieve e-mailmarketing. Door bepaalde aspecten van uw e-mailcampagnes te automatiseren en de inhoud voor elke ontvanger te personaliseren, kunt u de betrokkenheid en conversiepercentages verhogen. Hier zijn enkele manieren om uw e-mailmarketing te automatiseren en personaliseren:

1. Geautomatiseerde welkomstmails: verstuur geautomatiseerde welkomstmails naar nieuwe abonnees, waarin u uw merk introduceert en direct waarde toevoegt.
2. Getriggerde e-mails: Stuur geactiveerde e-mails op basis van het gedrag van abonnees , zoals e-mails over verlaten winkelwagentjes of e-mails ter bevestiging van aankopen.
3. Gepersonaliseerde onderwerpregels en content: Personaliseer de onderwerpregel en content van elke e-mail op basis van het gedrag , de interesses en demografie van de abonnee. Bekijk Pipeline CRM, dat u helpt uw verkooppijplijn te visualiseren en

begrijpen om uw bedrijf te laten groeien. Pipeline CRM heeft e-mailintegratie, zodat u weet wanneer uw lead een e-mail opent, op een link klikt of een bijlage downloadt. Het heeft ook leadbeheer met statustracking om te weten waar elke lead zich in het verkoopproces bevindt.

https://pipelinecrm.com/

4. Segmentatie: Segmenteer uw e-maillijst op basis van abonneegedrag , interesses en demografie om gerichte en gepersonaliseerde content te verzenden. Brevo helpt u uw bedrijf te laten groeien. Bouw klantrelaties op via e-mail, sms, chat en meer. https://www.brevo.com/

5. Dynamische content: Gebruik dynamische content om content te tonen of te verbergen op basis van het gedrag of de voorkeuren van abonnees. De e-mailmarketingservice van Campaign Monitor biedt een scala aan gebruiksvriendelijke functies om beginners

te helpen een betrokken publiek op te bouwen met responsieve e-mailsjablonen, eenvoudig personalisaties toe te voegen met behulp van contactgegevens en optimalisatie van de verzendtijd.

https://www.campaignmonitor.com/

6. Aanbevelingen: Gebruik algoritmen voor machinaal leren om productaanbevelingen voor elke ontvanger te personaliseren.

7. A/B-testen: voer regelmatig A/B-testen uit om de inhoud, onderwerpregels en het ontwerp van uw e-mails te optimaliseren voor maximale impact.

Door automatisering en personalisatie in uw e-mailmarketing te combineren, kunt u een meer boeiende en relevante ervaring creëren voor elke ontvanger. Dit resulteert in hogere betrokkenheid en conversiepercentages.

E. Het meten van het succes van e-mailmarketing

Het meten van het succes van uw e-mailmarketingcampagnes is cruciaal om de impact van uw inspanningen te begrijpen en datagedreven beslissingen te nemen om uw resultaten te verbeteren. Hier zijn enkele belangrijke statistieken om het succes van e-mailmarketing te meten:

1. Open rate: De open rate meet het aantal abonnees dat uw e-mail heeft geopend van het totale aantal verzonden e-mails. Een hoge open rate geeft aan dat uw onderwerpregel en afzenderreputatie effectief de aandacht trekken.

2. Click-through rate: De click-through rate meet het aantal abonnees dat op een link in uw e-mail klikte van het totale aantal geopende e-mails. Een hoge click-through rate geeft aan dat uw content relevant en boeiend is.

3. Conversiepercentage: Het conversiepercentage meet het aantal abonnees dat een gewenste actie heeft ondernomen, zoals een aankoop doen, een formulier invullen of zich aanmelden voor een webinar, uit het totale aantal verzonden of aangeklikte e-mails. Mailchimp beweert 'E-mails om te zetten in inkomsten' met e-mailautomatiseringen, generatieve AI, segmentatie, analyses en rapportage. https://mailchimp.com/

4. Bouncepercentage: Het bouncepercentage meet het aantal e-mails dat als onbestelbaar is geretourneerd van het totale aantal verzonden e-mails. Een hoog bouncepercentage kan duiden op problemen met de kwaliteit van uw e-maillijst of de leverbaarheid van e-mails.

5. Spamklachtenpercentage: Het spamklachtenpercentage meet het aantal abonnees dat uw e-mail als spam heeft

gemarkeerd van het totale aantal verzonden e-mails. Een hoog spamklachtenpercentage kan erop duiden dat uw e-mailinhoud niet relevant of waardevol is voor abonnees. Met Zendesk kunt u contact maken met klanten op Facebook, Whatsapp , Slack en meer met de integraties van Zendesk. Zendesk heeft standaard een spamfilter ingeschakeld wanneer u uw helpcentrum maakt . Het spamfilter voorkomt dat nieuwe en bewerkte berichten en opmerkingen van eindgebruikers die spam lijken te zijn, worden gepubliceerd in uw helpcentrum .

https://www.zendesk.com

6. Uitschrijfpercentage: Het uitschrijfpercentage meet het aantal abonnees dat zich heeft afgemeld voor uw e-maillijst van het totale aantal verzonden e-mails. Een hoog uitschrijfpercentage kan erop duiden dat uw e-mailinhoud niet relevant of waardevol is voor abonnees.

Door deze statistieken regelmatig te controleren, krijgt u waardevolle inzichten in het succes van uw e-mailmarketinginspanningen en kunt u op gegevens gebaseerde beslissingen nemen om uw resultaten te verbeteren.

E-mailmarketingquizvragen

1. Wat is GEEN voordeel van het gebruik van e-mailmarketing als onderdeel van een digitale marketingstrategie?
A. Specifieke doelgroepen targeten
B. Kosteneffectiviteit en hoge ROI
C. Onvermogen om het succes van de campagne te meten
D. Flexibiliteit in inhoud en frequentie

Antwoord: C. Onvermogen om het succes van de campagne te meten

2. Welke metriek wordt gebruikt om het aantal abonnees te meten dat uw e-mail heeft geopend ten opzichte van het totaal aantal verzonden e-mails?

A. Conversiepercentage

B. Doorklikpercentage

C. Openingspercentage

D. Bouncepercentage

Antwoord: C. Openingspercentage

3. Hoe kunnen bedrijven hun e-maillijst segmenteren om berichten te personaliseren?

A. Door massaal e-mails te sturen naar de hele lijst

B. Door het negeren van het gedrag en de demografie van abonnees

C. Door alleen de onderwerpregel te personaliseren

D. Door gebruik te maken van het gedrag , de interesses en demografie van abonnees

Antwoord: D. Door gebruik te maken van het gedrag van abonnees , interesses en demografie

4. Wat is een essentiële stap bij het opbouwen van een e-maillijst?

A. E-maillijsten kopen van externe leveranciers

B. E-mails versturen zonder enige prikkel

C. Segmenteren van de lijst op basis van demografie

D. Het bieden van een waardevolle prikkel om lid te worden

Antwoord: D. Het bieden van een waardevolle prikkel om lid te worden

5. Wat betekent een hoog bouncepercentage in e-mailmarketing?

A. Sterke betrokkenheid bij abonnees

B. Hoge relevantie van de inhoud voor abonnees

C. Problemen met de kwaliteit of leverbaarheid van e-maillijsten

D. Laag uitschrijfpercentage

Antwoord: C. Problemen met de kwaliteit of leverbaarheid van e-maillijsten

6. Wat is het primaire doel van automatisering in e-mailmarketing?
A. Om het uitschrijfpercentage te verhogen
B. Om de inhoud voor elke ontvanger te personaliseren
C. Om generieke, niet-gepersonaliseerde e-mails te verzenden
D. Om te voorkomen dat er waardevolle inhoud wordt gecreëerd

Antwoord: B. Om de inhoud voor elke ontvanger te personaliseren

7. Welke statistiek meet het aantal abonnees dat op een link in uw e-mail heeft geklikt?
A. Conversiepercentage

B. Doorklikpercentage

C. Openingspercentage

D. Bouncepercentage

Antwoord: B. Doorklikpercentage

8. Hoe kan het succes van e-mailmarketing worden gemeten?

A. Alleen op basis van open- en doorklikpercentages

B. Alleen op basis van conversiepercentage en uitschrijfpercentage

C. Door verschillende statistieken te monitoren, zoals de openingsfrequentie, de klikfrequentie, het conversiepercentage, het bouncepercentage en meer

D. Door uitsluitend op onderwerpregels te vertrouwen

Antwoord: C. Door verschillende statistieken te monitoren, zoals de openingsfrequentie, de klikfrequentie, het conversiepercentage, het bouncepercentage en meer.

9. Wat is een aanbevolen aanpak voor het maken van effectieve e-mails?
A. Overladen met talrijke afbeeldingen en grote tekstblokken
B. Het gebruik van complexe taal om het lezen moeilijker te maken
C. Houd het simpel, visueel aantrekkelijk en zorg voor waarde
D. Een call-to-action uitsluiten in elke e-mail

Antwoord: C. Houd het simpel, visueel aantrekkelijk en zorg voor waarde

10. Hoe kunnen bedrijven profiteren van het segmenteren van hun e-maillijst?
A. Door dezelfde inhoud naar alle abonnees te sturen

B. Door de betrokkenheid en de openingspercentages te verminderen

C. Door gerichte en gepersonaliseerde berichten te creëren

D. Door automatisering te vermijden

Antwoord: C. Door gerichte en gepersonaliseerde berichten te creëren

VII. Affiliatemarketing

A. Overzicht van affiliate marketing

Affiliate marketing is een type prestatiegerichte marketing waarbij een bedrijf affiliates beloont voor elke klant die is binnengehaald door de eigen marketinginspanningen van de affiliate. De uitgaven van affiliates zullen in 2028 meer dan $ 15 miljard bedragen (Statistische bron: https://www.emarketer.com/content/5-charts-affiliate-marketing) Bij affiliate marketing promoten affiliates de producten of diensten van het bedrijf bij hun eigen publiek en verdienen ze een commissie op de resulterende verkopen. Hier is een overzicht van affiliate marketing:

1. Bedrijven werken samen met affiliates: Bedrijven werken samen met affiliates, zoals bloggers, influencers en andere websites, om hun producten of diensten te promoten.

2. Affiliates promoten de producten of diensten van het bedrijf: Affiliates promoten de

producten of diensten van het bedrijf bij hun eigen publiek via een unieke affiliate-link of -code.

3. Klanten doen een aankoop via de affiliate-link: Klanten doen een aankoop via de affiliate-link of -code, waardoor het bedrijf de verkoop kan herleiden tot de affiliate.

4. Affiliates verdienen een commissie: Affiliates verdienen een commissie over de verkoop. Deze commissie bestaat uit een percentage van de verkoopprijs die door het bedrijf is vastgesteld.

5. Bedrijven profiteren van een hogere omzet en meer naamsbekendheid: door samen te werken met affiliates profiteren bedrijven van een hogere omzet en meer naamsbekendheid bij een nieuw publiek.

Affiliate marketing is een kosteneffectieve manier voor bedrijven om nieuwe doelgroepen te bereiken en verkopen te stimuleren. Het biedt affiliates ook een manier om hun eigen websites en doelgroep te gelde te maken door producten te promoten waar ze in geloven. Voorbeelden van websites voor affiliate marketing: https://www.shareasale.com/ , https://impact.com/ , https://www.cj.com/ , https://affiliate-program.amazon.com/

B. Een affiliateprogramma opzetten

Het opzetten van een affiliate programma kan een geweldige manier zijn voor bedrijven om verkopen te stimuleren en nieuwe doelgroepen te bereiken. Er zijn verschillende platforms beschikbaar voor bedrijven om een affiliate programma op te zetten, waaronder ShareASale , Awin , PartnerStack , Amazon Associates en CJ Affiliate.

1. ShareASale : ShareASale is een populair affiliate marketingplatform waarmee bedrijven hun affiliateprogramma kunnen beheren en verkopen en commissies kunnen

bijhouden. Het biedt een scala aan tools en bronnen voor bedrijven en affiliates om succesvol te zijn in affiliate marketing.

https://www.shareasale.com

2. Awin : Awin is een wereldwijd affiliate netwerk dat bedrijven toegang biedt tot een netwerk van affiliates en tools om hun affiliate programma te beheren. Het biedt een scala aan rapportage- en trackingtools om bedrijven te helpen hun affiliate marketing succes te meten.

https://www.awin.com

3. PartnerStack : PartnerStack is een B2B affiliate marketingplatform waarmee bedrijven hun affiliateprogramma kunnen beheren en verkopen en commissies kunnen bijhouden. Het biedt een scala aan tools en bronnen om bedrijven en affiliates te helpen slagen in affiliate marketing.

https://partnerstack.com/

4. Amazon Associates: Amazon Associates is het affiliateprogramma van Amazon waarmee affiliates commissie kunnen verdienen door Amazon-producten te promoten. Het biedt een scala aan tools en bronnen voor affiliates om succesvol te zijn in affiliate marketing, inclusief productlinks en banners. https://affiliate-program.amazon.com/

5. CJ Affiliate: CJ Affiliate is een wereldwijd affiliate marketingnetwerk dat bedrijven toegang biedt tot een netwerk van affiliates en tools om hun affiliateprogramma te beheren. Het biedt een scala aan rapportage- en trackingtools om bedrijven te helpen hun affiliate marketingsucces te meten. https://www.cj.com/

Bij het opzetten van een affiliate programma is het belangrijk om een platform te kiezen dat past bij uw zakelijke behoeften en doelen. Denk aan factoren zoals de grootte van uw affiliate netwerk, de soorten producten of diensten die u aanbiedt en het niveau van ondersteuning en middelen dat u nodig hebt om succesvol te zijn in affiliate marketing.

C. Werven en beheren van affiliates

Het werven en beheren van affiliates is een belangrijk aspect van een succesvol affiliate marketingprogramma. Hier zijn enkele tips voor het werven en beheren van affiliates:

1. Ontwikkel duidelijke richtlijnen: Ontwikkel duidelijke richtlijnen voor affiliates, inclusief commissiestructuur, productaanbod en marketingmateriaal. Dit zorgt ervoor dat affiliates begrijpen wat er van hen wordt verwacht en hoe ze succesvol kunnen zijn in het promoten van uw producten of diensten.

2. Verstrek marketingmateriaal: Verstrek affiliates marketingmateriaal, zoals

productbeschrijvingen, afbeeldingen en links. Dit helpt hen om uw producten effectief te promoten en de verkoop te verhogen.

3. Bied een commissiestructuur aan: Bied een commissiestructuur aan die affiliates stimuleert om uw producten of services te promoten. Overweeg om een hogere commissie aan te bieden voor goed presterende affiliates of voor bepaalde producten of services.

4. Monitor en volg prestaties: Monitor en volg affiliate prestaties regelmatig. Dit zal u helpen om de best presterende affiliates te identificeren en gebieden voor verbetering aan te wijzen.

5. Bied ondersteuning: Bied ondersteuning aan affiliates, zoals het beantwoorden van vragen en het geven van marketingadvies. Dit zal helpen een positieve relatie op te bouwen met uw affiliates en hen

aanmoedigen om uw producten of diensten te blijven promoten.

6. Communiceer regelmatig: Communiceer regelmatig met uw affiliates, bijvoorbeeld via e-mail of een privé-affiliatenetwerk. Dit helpt bij het opbouwen van een sterke relatie en zorgt ervoor dat ze op de hoogte zijn van nieuwe producten, promoties en commissiestructuren.

Het beheren van een affiliate programma vereist voortdurende inspanning, maar door de juiste affiliates te werven, ze de middelen te bieden die ze nodig hebben om te slagen en hun prestaties te monitoren, kunt u uw affiliate marketing succes maximaliseren. Als u de Affiliate Marketer wilt zijn, zijn hier enkele mensen die miljoenen hebben verdiend. Pat Flynn auteur, ondernemer, keynote spreker en blogger.

https://www.forbes.com/sites/laurashin/2014/09/12/how-pat-flynn-made-his-first-3-million-in-passiveincome/?sh=36ec6f3843d3 . Matt Diggity heeft verschillende bedrijven opgericht en is eigenaar van verschillende bedrijven die actief zijn in de affiliate marketing en SEO sectoren.

https://www.starterstory.com/matt-diggity-net-worth . Nate O'Brien biedt gratis onderwijs en informatie over persoonlijke financiën, productiviteit, levensstijl en vermogenscreatie. In 2020 werd hij door Forbes genoemd als een van de beste negen Millennial Personal Finance YouTube-kanalen.

https://www.forbes.com/sites/jrose/2020/02/18/top-9-millennial-youtube-channels/?sh=36a1e90a3406

D. Het succes van affiliate marketing meten

Het meten van het succes van uw affiliate marketingprogramma is cruciaal om de effectiviteit ervan te bepalen en weloverwogen beslissingen te nemen voor toekomstige campagnes. Hier zijn enkele belangrijke statistieken om bij te houden bij het meten van het succes van affiliate marketing:

1. Verkoop: Houd bij hoeveel verkopen affiliates genereren om hun algehele effectiviteit te bepalen.

2. Commissie: Houd de totale commissie bij die affiliates verdienen om hun verdienpotentieel en het succes van uw commissiestructuur te bepalen.

3. Conversiepercentage: volg het conversiepercentage van bezoekers die op affiliatelinks klikken om de effectiviteit van individuele affiliates en hun marketinginspanningen te bepalen.

4. Gemiddelde bestelwaarde: Houd de gemiddelde bestelwaarde van de verkopen die door affiliates worden gegenereerd bij om te bepalen welke waarde zij voor uw bedrijf opleveren.

5. Rendement op investering (ROI): Bereken het rendement op investering van uw affiliate marketingprogramma door de totale

gegenereerde omzet te delen door de totale
kosten van het programma.

6. Affiliate-betrokkenheid: volg de
   betrokkenheid van affiliates, zoals het aantal
   klikken op affiliate-links, om hun mate van
   betrokkenheid en interesse in uw
   programma te bepalen.

7. Kosten voor klantenwerving: Houd bij wat de
   kosten zijn voor het werven van nieuwe
   klanten via affiliate marketing om te bepalen
   hoe kosteneffectief dit is in vergelijking met
   andere marketingkanalen.

Door deze statistieken regelmatig bij te houden,
kunt u het succes van uw affiliate
marketingprogramma meten en weloverwogen
beslissingen nemen om het te verbeteren. eBay,
The Home Depot, Amazon en andere bekende e-
commercebedrijven hebben affiliateprogramma's.
Bijvoorbeeld Uber, in het begin had Uber een
dubbelzijdig incentiveprogramma waarbij beide

partijen een tegoed van $ 10 kregen wanneer nieuwe gebruikers zich aanmeldden. Uber heeft het hoofdkantoor in San Francisco en is actief in ongeveer 70 landen en 10.500 steden wereldwijd. Het bedrijf heeft meer dan 131 miljoen maandelijks actieve gebruikers en 6 miljoen actieve chauffeurs en koeriers wereldwijd en faciliteert gemiddeld 25 miljoen ritten per dag, we kunnen gerust stellen dat het Uber-affiliateprogramma iets goed heeft gedaan.

Quizvragen over affiliate marketing

1. Wat is de definitie van affiliate marketing?
A. Een marketingstrategie die uitsluitend op social media-influencers vertrouwt
B. Een vorm van marketing waarbij affiliates worden beloond voor de klantenwerving die ze dankzij hun eigen marketinginspanningen hebben gedaan.

C. Een marketingmethode die bloggers en influencers uitsluit

D. Een methode die beperkt is tot verkoop in fysieke winkels

Antwoord: B. Een vorm van marketing waarbij affiliates worden beloond voor de klantenwerving als gevolg van hun eigen marketinginspanningen.

2. Welke voordelen biedt affiliate marketing aan bedrijven?

A. Door de merkbekendheid te beperken

B. Door verkoopkansen te verminderen

C. Door samen te werken met affiliates om de verkoop en de naamsbekendheid van uw merk te vergroten

D. Door de verbinding met potentiële klanten te verbreken

Antwoord: C. Door samen te werken met affiliates om de verkoop en de naamsbekendheid van het merk te vergroten

3. Welk platform wordt doorgaans NIET gebruikt voor het opzetten van een affiliateprogramma?
A. ShareASale
B. Google-advertenties
C. CJ-partner
D. Amazon Associates

Antwoord: B. Google Ads

4. Waar moeten bedrijven rekening mee houden bij het opzetten van een affiliateprogramma?
A. Grootte van hun affiliate netwerk
B. Het ontbreken van marketingmateriaal voor affiliates
C. Het negeren van zakelijke doelen en behoeften
D. Uitsluiten van tracking van affiliate-prestaties

Antwoord: A. De omvang van hun affiliate netwerk

5. Wat is een cruciaal aspect van het beheren van affiliates in een affiliate marketingprogramma?
A. Minimale ondersteuning en begeleiding bieden
B. Alleen focussen op commissiestructuur
C. Regelmatig communiceren en marketingmiddelen ter beschikking stellen
D. Het vermijden van elke vorm van interactie

Antwoord: C. Regelmatig communiceren en marketingmiddelen ter beschikking stellen

6. Welke statistieken worden gebruikt om het succes van affiliate marketing te meten?
A. Alleen verkoop- en conversiepercentage
B. Alleen commissie en kosten voor klantenwerving
C. Verkoop, conversiepercentage, commissie, gemiddelde orderwaarde, ROI, affiliate-betrokkenheid en kosten voor klantenwerving
D. Verkoop, commissie en affiliate-betrokkenheid

Antwoord: C. Verkoop, conversiepercentage, commissie, gemiddelde orderwaarde, ROI, affiliate-betrokkenheid en kosten voor klantenwerving

7. Wat betekent een hoog conversiepercentage in affiliate marketing?
A. Lagere effectiviteit van individuele affiliates
B. Hogere effectiviteit van individuele affiliates
C. Desinteresse van de aangeslotenen in het programma
D. Gebrek aan commissiestructuur

Antwoord: B. Hogere effectiviteit van individuele filialen

8. Welke rol spelen platforms als ShareASale en Awin in affiliate marketing?
A. Ze bieden geen hulpmiddelen of bronnen voor bedrijven en partners

B. Ze bieden tools om affiliate programma's te beheren en verkopen en commissies bij te houden

C. Ze richten zich uitsluitend op social media marketing

D. Ze beperken de toegang tot affiliates

Antwoord: B. Ze bieden tools om affiliate programma's te beheren en verkopen en commissies bij te houden

9. Wat bepaalt de ROI in affiliate marketing?

A. Het totale aantal filialen

B. De effectiviteit van affiliate marketing vergeleken met andere kanalen

C. De kosten voor het werven van nieuwe klanten

D. De irrelevantie van affiliate marketing

Antwoord: B. De effectiviteit van affiliate marketing vergeleken met andere kanalen

10. Wat is een veelvoorkomend doel van het aanbieden van duidelijke richtlijnen en marketingmaterialen aan affiliates?

A. Om affiliates te ontmoedigen om deel te nemen

B. Om hun succes te beperken

C. Om affiliates te ondersteunen en begeleiden voor succesvolle promoties

D. Om verwarring te creëren onder affiliates

Antwoord: C. Om affiliates te ondersteunen en begeleiden voor succesvolle promoties

VIII. Mobiele marketing

A. Overzicht van mobiele marketing

Mobiele marketing verwijst naar de praktijk van het promoten en adverteren van producten of diensten via mobiele apparaten, zoals smartphones en tablets. Met de snelle groei van het gebruik van mobiele apparaten, is mobiele marketing een cruciaal onderdeel geworden van een uitgebreide digitale marketingstrategie. Laten we eens nader kijken: Amerikaanse mobiele advertentie-uitgaven zullen in 2025 de $ 228 miljard overschrijden. Het overgrote deel van de mobiele advertentie-uitgaven zal plaatsvinden in apps. Apps zullen in 2025 een dominant aandeel van 82,3% van de mobiele advertentie-uitgaven bereiken. (Statistiekbron: https://www.emarketer.com/content/mobile-advertising-2024)

Dus als het hoofddoel van mobiele marketing is om doelgroepen te bereiken waar ze het grootste deel van hun tijd doorbrengen – op hun mobiele

145

apparaten. Dit kan worden bereikt via verschillende kanalen, waaronder:

1. Mobiele apps: het ontwikkelen en promoten van een mobiele app die uw producten of diensten promoot.
2. SMS/MMS-marketing: Het versturen van tekst- of multimediaberichten naar klanten of potentiële klanten.
3. Mobiele websites: optimaliseer uw website voor mobiele apparaten om een naadloze en comfortabele gebruikerservaring te bieden.
4. Locatiegebaseerde marketing: met behulp van GPS-technologie kunnen we klanten targeten op basis van hun locatie en gepersonaliseerde en relevante berichten versturen.
5. QR-codes: Een QR-code coderen met een URL die klanten kunnen scannen om toegang te krijgen tot promoties, productinformatie of andere bronnen.

Mobiele marketing biedt verschillende voordelen ten opzichte van traditionele marketing, zoals meer targeting en personalisatie, realtime engagement en hogere conversiepercentages. Om doelgroepen effectief te bereiken en marketingdoelen te behalen, is het belangrijk om het gedrag en de voorkeuren van mobiele gebruikers te begrijpen en boeiende en relevante content te leveren via de juiste kanalen.

B. Een mobiele marketingstrategie creëren

Adsterra blog zegt "Mobiele advertenties zijn snel een van de krachtigste marketingtools geworden die bedrijven vandaag de dag tot hun beschikking hebben" in hun Top Mobile Advertising Trends to Watch (Bron: https://adsterra.com/blog/mobile-advertising-trends/). Een succesvolle mobiele marketingstrategie vereist zorgvuldige planning en uitvoering. Hier zijn enkele stappen om u te helpen een effectieve mobiele marketingstrategie te creëren:

1. Definieer uw doelen en doelgroep: Definieer duidelijk wat u hoopt te bereiken met uw mobiele marketinginspanningen en wie uw doelgroep is. Houd rekening met hun behoeften, interesses en gedragingen bij het gebruik van mobiele apparaten.
2. Voer marktonderzoek uit: Voer marktonderzoek uit om inzicht te krijgen in de huidige staat van de mobiele markt en het gedrag van uw doelgroep. Dit kan u helpen nieuwe kansen te identificeren en potentiële valkuilen te vermijden.
3. Kies de juiste kanalen: Kies op basis van uw doelen en doelgroep de juiste kanalen om ze te bereiken. Dit kan mobiele apps, SMS/MMS-marketing, mobiele websites, locatiegebaseerde marketing en QR-codes zijn.

4. Maak boeiende content: Ontwikkel content die aanslaat bij uw doelgroep en hen waarde biedt. Zorg ervoor dat de content is geoptimaliseerd voor mobiele apparaten en eenvoudig te bekijken en te gebruiken is.

5. Optimaliseer voor zoekmachines: Optimaliseer uw mobiele content voor zoekmachines, zoals Google, om uw zichtbaarheid te verbeteren en potentiële klanten aan te trekken. Met PageSpeed Insights kunt u uw PageSpeed- score krijgen en PageSpeed- suggesties gebruiken om uw website sneller te maken via de online tool. Ze hebben ook een ander rapport om prestatieproblemen voor mobiel en desktop te diagnosticeren
https://pagespeed.web.dev/

6. Personaliseer uw aanpak: Personaliseer uw aanpak door klantgegevens te gebruiken om gerichte en relevante berichten aan elke klant te leveren. Dit kan de effectiviteit van

uw marketinginspanningen verbeteren en de betrokkenheid vergroten.

7. Resultaten testen en meten: test en meet regelmatig de resultaten van uw mobiele marketinginspanningen om de effectiviteit ervan te bepalen en verbeterpunten te identificeren.

C. Mobiele reclame

Mobiele reclame verwijst naar de praktijk van het promoten en adverteren van producten of diensten via mobiele apparaten, zoals smartphones en tablets. Dit type reclame is ontworpen om doelgroepen te bereiken waar ze het grootste deel van hun tijd doorbrengen: op hun mobiele apparaten. Enkele merken die mobiele reclame goed doen, zijn Domino's Pizza met meer dan 91% van de omzet afkomstig van digitale kanalen. https://www.dominos.com . Starbucks lanceerde jaren geleden zijn mobiele app en op een gegeven moment was het de meest succesvolle betaalapp op de markt. https://www.starbucks.com/

Er zijn verschillende mobiele advertentiekanalen, waaronder:

1. Mobiele app-advertenties: advertenties plaatsen in mobiele apps, zoals banneradvertenties, interstitiële advertenties en native advertenties.
2. Mobiele zoekadvertenties: advertenties plaatsen op mobiele zoekmachines, zoals Google, wanneer gebruikers zoeken naar trefwoorden die verband houden met uw producten of diensten.
3. Mobiele videoadvertenties: videoadvertenties weergeven op mobiele apparaten via platforms zoals YouTube en sociale media.
4. In-app-advertenties: advertenties plaatsen in andere apps, zoals game-apps, apps voor sociale media en nieuws-apps.

5. Locatiegebaseerde advertenties: het leveren van gerichte en gepersonaliseerde advertenties aan klanten op basis van hun locatie.

Mobiele advertenties bieden verschillende voordelen, waaronder een groter bereik, targeting en personalisatie. Om doelgroepen effectief te bereiken en marketingdoelen te behalen, is het belangrijk om de juiste kanalen te kiezen, aantrekkelijke en relevante advertenties te ontwikkelen en data te gebruiken om uw mobiele advertentie-inspanningen continu te optimaliseren en verbeteren.

Om het succes van uw mobiele advertentie-inspanningen te meten, is het belangrijk om belangrijke statistieken bij te houden, zoals impressies, klikfrequenties, conversiepercentages en klantbetrokkenheid. Door deze statistieken regelmatig bij te houden en te analyseren , kunt u de effectiviteit van uw mobiele advertenties bepalen

en datagestuurde beslissingen nemen om uw
resultaten te verbeteren.

D. Mobielvriendelijke inhoud

Mobielvriendelijke content verwijst naar content die
is geoptimaliseerd voor weergave op mobiele
apparaten, zoals smartphones en tablets. Dit omvat
content die gemakkelijk toegankelijk en leesbaar is
op mobiele apparaten, met een focus op een snelle
laadtijd en een gebruiksvriendelijke interface.

Bij het creëren van mobiele content zijn
verschillende factoren van belang, waaronder:

1. Responsief ontwerp: een responsieve
    website bouwen die zich aanpast aan de
    grootte van het scherm van de gebruiker,
    ongeacht het apparaat dat hij of zij gebruikt.
2. Eenvoudige navigatie: Creëer een
    navigatiestructuur die eenvoudig te

gebruiken en intuïtief is, met duidelijke links en koppen.

3. Geoptimaliseerde afbeeldingen en video's: afbeeldingen en video's optimaliseren zodat ze snel worden geladen op mobiele apparaten, met een geschikt formaat en formaat voor mobiele schermen.

4. Korte en bondige content: Schrijf korte en bondige content die gemakkelijk te lezen en te begrijpen is op een klein scherm, met duidelijke koppen en opsommingstekens.

5. Snelle laadsnelheid: ervoor zorgen dat de website snel laadt op mobiele apparaten, met de nadruk op het optimaliseren van afbeeldingen, video's en code.

In het dynamische landschap van digitale marketing is het maken van een mobiele website van het grootste belang geworden voor succes. Het gaat er niet alleen om dat uw pagina's op mobiele apparaten op de juiste manier worden aangepast; het gaat ook om het maken van content die zich naadloos aanpast aan de mobiele ervaring.

Voor marketeers moet het streven naar mobielvriendelijkheid worden gezien als een holistische onderneming . De focus moet liggen op het samenstellen van een algehele ervaring die resoneert met klanten wanneer ze uw website bezoeken. Erken dat de manier waarop gebruikers omgaan met content op een desktop versus een mobiel apparaat aanzienlijk verschilt. Mobiele gebruikers hebben een beperkte aandachtsspanne en een voorkeur voor directe toegang tot relevante informatie.

Bij het maken van content moeten eenvoud en duidelijkheid uw leidende principes zijn, ongeacht het platform. Voeg afbeeldingen en video's toe om tekst op te splitsen, waardoor uw content beter verteerbaar wordt. Zorgen voor leesbaarheid is van het grootste belang. Uw titel dient als de eerste introductie van de lezer tot uw content en speelt een cruciale rol in hoe uw webpagina in zoekresultaten verschijnt.

Het omarmen van mobiele content verbetert niet alleen de gebruikerservaring, maar vergemakkelijkt ook een naadloze interactie met uw merk op mobiele apparaten. Deze verschuiving kan leiden tot meer betrokkenheid, meer klanttevredenheid en uiteindelijk superieure resultaten voor uw marketinginspanningen .

Om de effectiviteit van uw mobiele content te meten, is het van groot belang om belangrijke prestatie-indicatoren (KPI's) zoals websiteverkeer, bouncepercentages, conversiepercentages en klantbetrokkenheid bij te houden. Door deze statistieken regelmatig te monitoren en analyseren , kunt u de impact van uw mobiele aanpak beoordelen en goed geïnformeerde, datagestuurde aanpassingen maken voor optimale resultaten.

In deze voortdurend evoluerende digitale sfeer is de nadruk op mobielvriendelijkheid belangrijker dan ooit. Het gaat niet alleen om de responsiviteit van websites; het omvat de gehele gebruikerservaring, met name op mobiele platforms. Het afstemmen van uw content op de voorkeuren en gewoonten van mobiele gebruikers is een strategische noodzaak.

Vergeet niet dat eenvoud en duidelijkheid de basis moeten vormen van uw contentcreatieproces. Gebruik multimedia-elementen verstandig om het begrip te verbeteren en zorg ervoor dat uw titels niet alleen verleidelijk zijn, maar ook geoptimaliseerd voor zichtbaarheid in zoekmachines.

Door mobiele content te omarmen, vergroot u niet alleen de tevredenheid van de gebruiker, maar smeedt u ook sterkere banden met uw publiek. Dit leidt op zijn beurt tot een diepere betrokkenheid en betere resultaten voor uw marketinginspanningen .

Om de impact van uw mobiele content te meten, is het cruciaal om belangrijke statistieken zoals websiteverkeer, bouncepercentages, conversiepercentages en klantbetrokkenheid te monitoren. Deze datagestuurde aanpak stelt u in staat om uw contentstrategie te verfijnen voor maximale effectiviteit.

In een digitaal landschap dat wordt gedomineerd door mobiele interacties, is het prioriteren van mobielvriendelijke content de spil tot succes. Het overstijgt louter website-aanpassingsvermogen en omvat de gehele gebruikerservaring. Door uw content af te stemmen op de voorkeuren van mobiele gebruikers, zorgt u niet alleen voor toegankelijkheid, maar versterkt u ook de betrokkenheid en drijft u resultaten op het gebied van digitale marketing. Blijf op de hoogte van de statistieken die ertoe doen en laat data uw pad naar mobiele marketinguitmuntendheid bepalen.

E. Het meten van het succes van mobiele marketing

Het meten van het succes van uw mobiele marketinginspanningen is een belangrijke stap in het evalueren van de effectiviteit van uw strategieën en het nemen van weloverwogen beslissingen over hoe u uw resultaten kunt verbeteren. Er zijn verschillende belangrijke statistieken om bij te houden bij het meten van het succes van uw mobiele marketing, waaronder:

1. Mobiel verkeer: Houd bij hoeveel bezoekers uw website via mobiele apparaten ontvangt. Zo krijgt u inzicht in hoe goed uw mobiele marketing verkeer naar uw site genereert.

2. Conversiepercentages: meet het percentage mobiele bezoekers dat een specifieke actie uitvoert, zoals een aankoop doen of een formulier invullen, om zo het succes van uw mobiele marketing bij het stimuleren van conversies te evalueren.

3. Mobiele betrokkenheid: houd statistieken bij zoals de tijd die bezoekers op de site doorbrengen, paginaweergaven en het bouncepercentage. Zo krijgt u inzicht in de mate waarin uw mobiele bezoekers betrokken zijn bij uw content en in hoeverre uw mobiele marketing hun aandacht vasthoudt.

4. App-installaties en -gebruik: Als u een mobiele app hebt, kunt u het aantal app-installaties en -gebruik bijhouden om inzicht te krijgen in de populariteit van uw app en de impact van uw mobiele marketinginspanningen op de acceptatie van de app.

5. Feedback van klanten: verzamel feedback van uw mobiele klanten via enquêtes, focusgroepen en sociale media om inzicht te krijgen in hun ervaringen met uw mobiele marketing en om verbeterpunten te identificeren.

In het domein van digitale marketing is het volgen en analyseren van belangrijke statistieken van het grootste belang. Het biedt waardevolle inzichten in de doeltreffendheid van uw mobiele marketinginspanningen , waardoor u weloverwogen beslissingen kunt nemen voor betere resultaten. Bovendien onthult deze consistente monitoring trends en patronen in uw mobiele marketingprestaties, waardoor u campagnes kunt optimaliseren en superieure resultaten kunt behalen.

Voor degenen die zich richten op Google Play, is het bijhouden van app-conversies cruciaal. Gebruik conversiegegevens van Google Play om te meten hoe effectief uw Google Ads-account leidt tot Android-app-installaties vanuit uw Google Play-ontwikkelaarsaccount, evenals in-app-activiteit.

Als het gaat om iOS-app-installaties via Google Ads, is het integreren van Firebase de sleutel. Koppel uw Firebase- en Google Ads-accounts nadat u uw app in Firebase hebt geregistreerd met hetzelfde account dat is gekoppeld aan uw Google Ads-account. Voeg installaties toe als een gebeurtenis in Firebase, markeer het als een conversie en synchroniseer ten slotte uw Firebase- en Google Ads-accounts om de installatiegebeurtenis te importeren in Google Ads.

Betreed het rijk van App Analytics binnen App Store Connect om diepgaande inzichten te krijgen in de acquisitie, het gebruik en de monetisatie van gebruikersapps. Met dit platform kunt u campagnelinks genereren voor gebruik in uw marketingmaterialen. Wanneer een gebruiker reageert op een advertentie met uw campagnelink, wordt hij of zij doorgestuurd naar de productpagina van uw app in de App Store. Kopieer eenvoudig de campagnelink voor integratie in uw marketingmaterialen, zoals hier:

https://apps.apple.com/app/apple-store/id123456789?pt=123456&ct=test1234&mt=8

.

Omarm deze trackingtechnieken om het volledige potentieel van uw mobiele marketinginspanningen te ontrafelen. Met data-ondersteunde beslissingen tilt u uw campagnes naar een hoger niveau en behaalt u uitzonderlijke resultaten in het voortdurend veranderende digitale landschap.

Quizvragen over mobiele marketing

1. Wat houdt mobiele marketing voornamelijk in?

A. Marketing uitsluitend beperkt tot desktops

B. Producten of diensten promoten via mobiele apparaten

C. Uitsluitend gericht op GPS-technologieën

D. Gebruikmaken van traditionele reclamemethoden

Antwoord: B. Producten of diensten promoten via mobiele apparaten

2. Wat is een kenmerk van een effectieve mobiele marketingstrategie?

A. Marktonderzoek en klantgedrag negeren

B. Het richten op een breed publiek zonder specifieke doelen

C. Het leveren van content die geoptimaliseerd is voor mobiele apparaten en gepersonaliseerde benaderingen

D. Het gebruiken van niet-gerelateerde kanalen om de doelgroep te bereiken

Antwoord: C. Het leveren van content die geoptimaliseerd is voor mobiele apparaten en gepersonaliseerde benaderingen

3. Welk aspect is GEEN onderdeel van het maken van mobiele content?
A. Responsief ontwerp voor verschillende schermformaten
B. Complexe navigatiestructuren
C. Geoptimaliseerde afbeeldingen en video's voor snel laden
D. Korte en bondige inhoud met duidelijke koppen

Antwoord: B. Complexe navigatiestructuren

4. Hoe kunnen mobiele advertenties bedrijven helpen?
A. Door het bereik en de personalisatie te beperken
B. Door de betrokkenheid van klanten te verminderen

C. Door het vergroten van bereik, targeting en personalisatie

D. Door locatiegebaseerde marketing te vermijden

Antwoord: C. Door het vergroten van bereik, targeting en personalisatie

5. Welke metriek helpt inzicht te krijgen in hoe goed mobiele marketing verkeer naar een website genereert?

A. Conversiepercentages

B. Mobiel verkeer

C. Mobiele betrokkenheid

D. Feedback van klanten

Antwoord: B. Mobiel verkeer

6. Wat is cruciaal voor het meten van het succes van mobiele marketing met betrekking tot mobiele apps?

A. Gebruikmaken van de conversiegegevens van Google Play en Firebase-integratie

B. De prestatiegegevens van de app negeren

C. App Analytics vermijden binnen App Store Connect

D. Alleen vertrouwen op app-installaties

Antwoord: A. Gebruikmaken van de conversiegegevens van Google Play en Firebase-integratie

7. Wat is een belangrijk element van mobiele advertenties?

A. Mobiele app-advertenties en videoadvertenties negeren

B. QR-codes gebruiken voor reclamedoeleinden

C. Gebruikmaken van locatiegebaseerde advertenties zonder klanttargeting

D. Advertenties plaatsen in mobiele apps en mobiele zoekadvertenties gebruiken

Antwoord: D. Advertenties plaatsen in mobiele apps en mobiele zoekadvertenties gebruiken

8. Wat definieert mobielvriendelijke content?
A. Inhoud die complex en moeilijk leesbaar is op mobiele apparaten
B. Inhoud die uitsluitend is ontworpen voor desktops
C. Inhoud geoptimaliseerd voor mobiele apparaten en een gebruiksvriendelijke ervaring bieden
D. Lange en uitgebreide inhoud

Antwoord: C. Content die geoptimaliseerd is voor mobiele apparaten en een gebruiksvriendelijke ervaring biedt

9. Hoe kunnen bedrijven mobiele marketing verbeteren?
A. Door het verwaarlozen van feedback van klanten en marktonderzoek

B. Door gepersonaliseerde inhoud en regelmatige tests

C. Door de juiste kanalen voor doelgroepen te vermijden

D. Uitsluitend vertrouwen op traditionele marketingmethoden

Antwoord: B. Door gepersonaliseerde content en regelmatige tests

10. Welke metriek helpt bij het evalueren van de betrokkenheid van gebruikers op mobiele apparaten?

A. Conversiepercentages

B. App-installaties en -gebruik

C. Mobiel verkeer

D. Indrukken

Antwoord: B. App-installaties en -gebruik

IX. Webanalyse

A. Overzicht van webanalyse

Webanalyse is het proces van het verzamelen, meten en analyseren van gegevens over websiteverkeer en gebruikersgedrag om inzicht te krijgen in de prestaties van een website en de marketinginspanningen ervan. Het doel van webanalyse is om de gebruikerservaring te verbeteren, de betrokkenheid en conversiepercentages te verhogen en marketingcampagnes te optimaliseren om betere bedrijfsresultaten te behalen.

Webanalyses bieden waardevolle gegevens over de bezoekers van een website, zoals hun locatie, demografie en gedrag , evenals gegevens over de website zelf, zoals de pagina's, inhoud en verkeersbronnen. Deze gegevens kunnen worden gebruikt om trends te identificeren, het ontwerp en de inhoud van de website te optimaliseren en de gebruikerservaring te verbeteren.

Veelgebruikte webanalysetools zijn onder meer Google Analytics https://analytics.google.com , Adobe Analytics https://business.adobe.com/products/analytics/adobe-analytics.html , Piwik https://piwik.pro/ en Omniture https://my.omniture.com , onder andere. Deze tools stellen marketeers in staat om verschillende statistieken te volgen en analyseren , zoals paginaweergaven, unieke bezoekers, bouncepercentage, conversiepercentage en meer.

Webanalyse kan op verschillende manieren worden gebruikt, waaronder het bijhouden van het succes van marketingcampagnes, het optimaliseren van websiteontwerp en -inhoud, het identificeren en aanpakken van pijnpunten van gebruikers en het verbeteren van de algehele gebruikerservaring. Door de gegevens te begrijpen die door webanalyse worden verstrekt, kunnen marketeers weloverwogen beslissingen nemen over hoe ze hun website en marketinginspanningen kunnen verbeteren om betere bedrijfsresultaten te behalen. Als u advertenties (bijv. display, video, native) op een site wilt weergeven om de inventaris te gelde te maken, vragen advertentienetwerken soms uitgevers om hun statistische gegevens beschikbaar te stellen op similarweb.com, zodat uw websitestatistieken openbaar zichtbaar zijn en dat betekent dat u similarweb moet toestaan https://www.similarweb.com/ om toegang te krijgen tot uw gegevens in Google Analytics. Let op: u hebt minimaal 2 maanden aan gegevens nodig voordat u websitegegevens kunt importeren.

B. Web Analytics instellen

Laten we beginnen met het populairste platform Google Analytics. Het instellen van Google Analytics is een cruciale stap in het meten van het succes van uw website en digitale marketinginspanningen. Dit zijn de stappen om Google Analytics in te stellen:

1. Maak een Google-account aan: Als u nog geen Google-account heeft, moet u er een aanmaken.
2. Meld u aan voor Google Analytics: Ga naar de website van Google Analytics en meld u aan voor een gratis account.
3. Voeg een property toe: Om Google Analytics voor uw website in te stellen, moet u een property toevoegen. Een property is in feite een weergave van uw website in Google Analytics.
4. Voeg de trackingcode toe: Zodra u een property hebt toegevoegd, krijgt u een unieke trackingcode die u aan de code van uw website moet toevoegen. Deze code moet aan elke pagina van uw website worden toegevoegd om gebruikersgedrag nauwkeurig te kunnen volgen .
5. Controleer de installatie: Nadat u de trackingcode aan uw website hebt toegevoegd, kunt u de installatie controleren

in uw Google Analytics-account om er zeker van te zijn dat alles correct is ingesteld.

6. Configureer uw instellingen: Nadat u uw installatie hebt geverifieerd, kunt u uw Google Analytics-instellingen configureren om aan uw specifieke behoeften te voldoen. U kunt bijvoorbeeld gebeurtenissen en belangrijke gebeurtenissen instellen, filters instellen en uw rapportweergaven aanpassen.

7. Begin met het verzamelen van gegevens: Zodra uw Google Analytics is ingesteld, begint het met het verzamelen van gegevens over het verkeer op uw website en het gebruikersgedrag . U kunt deze gegevens bekijken in uw Google Analytics-account en beginnen met het nemen van weloverwogen beslissingen over hoe u uw website en marketinginspanningen kunt verbeteren.

Laten we nu eens kijken hoe u een conversie instelt in Google Analytics. Overzicht: Wanneer iemand een pagina op uw website bekijkt, wordt een page_view- gebeurtenis naar Google Analytics verzonden. De gebeurtenis meet alle paginaweergaven, dus u kunt de gebeurtenis niet markeren als een belangrijke gebeurtenisconversie. Als u dat wel doet, worden alle paginaweergaven gemarkeerd als conversies. In plaats daarvan moet u een afzonderlijke gebeurtenis maken op basis van de page_view -gebeurtenis die meet wanneer iemand de specifieke pagina op uw website bekijkt. Deze tutorial beschrijft hoe u kunt meten wanneer iemand een bevestigingspagina bekijkt voor de URL http://www.example.com/contact-us-submitted .

Om de conversie in te stellen, moet u een gebeurtenis voor de bevestigingspagina maken. Om een conversie vast te leggen wanneer iemand een bevestigingspagina bekijkt, maakt u eerst een afzonderlijke gebeurtenis met behulp van de gebeurtenis page_view . In dit geval gebruikt u de aanbevolen gebeurtenis generate_lead . U moet aanbevolen gebeurtenissen gebruiken waar mogelijk, in plaats van aangepaste gebeurtenissen, om te profiteren van nieuwe Analytics-functies zodra deze beschikbaar komen.

1. Klik in Google Analytics op Beheerder.
2. Zorg ervoor dat u zich in de juiste account en eigendom bevindt.
3. Klik in de kolom Eigenschap op Gebeurtenissen.
4. Klik op Gebeurtenis maken en vervolgens op Maken. Als u de knop Gebeurtenis maken niet ziet, hebt u geen toestemming om gebeurtenissen te maken.
5. Voer in het veld Aangepaste gebeurtenisnaam een naam in voor de gebeurtenis. In dit voorbeeld voert u " generate_lead " in.

6. Voer in het gedeelte Matching conditions de eerste matching condition in. In dit voorbeeld voert u " event_name equals page_view " in.

7. Klik op Voorwaarde toevoegen.

8. Voer de tweede overeenkomende voorwaarde in. In dit voorbeeld voert u " page_location equals https://www.example.com/contact-us-submitted" in.

9. Klik in het gedeelte Parameterconfiguratie twee keer op Wijziging toevoegen. Omdat u een aanbevolen gebeurtenis gebruikt, moet u elk van de vereiste parameters definiëren. Anders behandelt Google Analytics de gebeurtenis als een aangepaste gebeurtenis.

10. Voer in de eerste rij de parameter "waarde" en de waarde "100" in om de waarde van de lead in dit voorbeeld te definiëren.

11. Voer in de tweede rij de parameter "valuta" en de waarde "USD" in (in dit voorbeeld).

12. Klik op Maken.

Markeer de gebeurtenis vervolgens als een sleutelgebeurtenis (u kunt sleutelgebeurtenissen importeren als conversies in Google Ads).

1. Klik in Google Analytics op Beheerder.
2. Zorg ervoor dat u zich in de juiste account en eigendom bevindt.
3. Klik in de kolom Eigenschap op Conversies.
4. Klik op Nieuwe conversiegebeurtenis.
5. Voer de naam van het nieuwe evenement in: " genereer_lead ".

Om te verifiëren of de conversiegebeurtenis werkt, gaat u naar Rapporten > Realtime, opent u uw site en controleert u of u uzelf als bezoeker ziet. Als dat niet het geval is, moet u mogelijk uw browsertrackingbeveiliging uitschakelen. Zodra u uzelf ziet, opent u de bevestigingspagina op uw website in een nieuw browsertabblad of -venster en kijkt u vervolgens naar Realtime > Engagement >

Gebeurtenissen > Conversies en zoekt u naar "
genereer_lead ". Als u de gebeurtenis in de kaart
ziet, behandelt Analytics de gebeurtenis als een
conversie.

De Google Analytics Data API geeft u
programmatische toegang tot Google Analytics 4
(GA4) rapportgegevens en de Reporting API is de
meest geavanceerde programmatische methode
om toegang te krijgen tot rapportgegevens in
Google Analytics. U kunt het gebruiken om
aangepaste dashboards te bouwen om Google
Analytics-gegevens weer te geven, complexe
rapportagetaken te automatiseren om tijd te
besparen of uw Google Analytics-gegevens te
integreren met andere zakelijke toepassingen.
Concluderend is het instellen van Google Analytics
een belangrijke stap, niet alleen om naar
websitebezoekers te kijken, maar vooral om
conversies bij te houden en te weten wat de bron
was, bijvoorbeeld een advertentiecampagne, zodat

u op gegevens gebaseerde beslissingen kunt nemen over welke campagnes het beste presteren.

C. Gebruikersgedrag begrijpen

Het begrijpen van gebruikersgedrag is een cruciaal aspect van webanalyse en is essentieel voor het verbeteren van de prestaties van uw website en digitale marketinginspanningen. Hier zijn de stappen om gebruikersgedrag te begrijpen :

1. Identificeer belangrijke statistieken: De eerste stap om gebruikersgedrag te begrijpen , is het identificeren van de belangrijkste statistieken die u wilt bijhouden, zoals paginaweergaven, bouncepercentage, tijd op de site en conversiepercentage. Deze statistieken geven u inzicht in hoe gebruikers omgaan met uw website.

2. analyseren : Zodra u de belangrijkste statistieken hebt geïdentificeerd die u wilt

volgen, kunt u de gegevens analyseren in uw webanalysetool. Dit geeft u inzicht in hoe gebruikers omgaan met uw website, welke pagina's ze bezoeken en hoe ze door uw site navigeren.

3. Segmenten gebruiken: Segmenten zijn een krachtige functie in webanalyses waarmee u gebruikers kunt groeperen op basis van specifieke kenmerken, zoals locatie, apparaat en bron van verkeer. Door segmenten te gebruiken, kunt u een gedetailleerder inzicht krijgen in hoe verschillende typen gebruikers omgaan met uw site.

4. Patronen identificeren: door de gegevens te analyseren , kunt u patronen in het gebruikersgedrag gaan identificeren , zoals welke pagina's het meeste verkeer genereren, welke pagina's een hoog bouncepercentage hebben en welke pagina's tot conversies leiden.

5. Optimaliseer uw website: Zodra u een diepgaand begrip hebt van gebruikersgedrag , kunt u deze informatie gebruiken om uw website te optimaliseren. U kunt bijvoorbeeld wijzigingen aanbrengen om de gebruikerservaring te verbeteren, bouncepercentages te verlagen en conversiepercentages te verhogen.
6. Continue monitoring: Gebruikersgedrag verandert voortdurend, dus het is belangrijk om de prestaties van uw website continu te monitoren en indien nodig wijzigingen aan te brengen. Dit helpt u om voorop te blijven lopen en ervoor te zorgen dat uw website is geoptimaliseerd voor gebruikersgedrag .

Het begrijpen van gebruikersgedrag is een cruciaal aspect van webanalyse en is essentieel voor het verbeteren van de prestaties van uw website en digitale marketinginspanningen . Verbeter de betrokkenheid van gebruikers met A/B-testen in digitale marketing!

gebruikersgedrag wilt verfijnen door middel van A/B-testen, werkt het als volgt: maak twee verschillende versies van content, elk met een enkele aangepaste variabele. Presenteer deze versies vervolgens aan twee even grote doelgroepen en bestudeer hun prestaties gedurende een specifieke periode (zorg ervoor dat deze lang genoeg is voor betrouwbare conclusies).

Optimizely, een geavanceerd Digital Experience Platform (DXP), stelt marketingteams in staat om hun digitale initiatieven en klantinteracties te stroomlijnen en te verbeteren. Het biedt realtime resultaten en naadloze integraties met platforms zoals Salesforce, FullStory , Segment, Contentful CMS en meer, waardoor datagestuurde experimenten mogelijk worden. Verbeter uw digitale marketingstrategieën met Optimizely: https://www.optimizely.com/

D. Conversie en ROI meten

Het meten van conversie en rendement op investering (ROI) zijn essentiële onderdelen van webanalyses, omdat ze u helpen de effectiviteit van uw digitale marketinginspanningen te bepalen. In het domein van digitale marketing is het behalen van een gemiddelde ROI van 5:1 het felbegeerde doel: een metriek die staat voor een rendement van $ 5 voor elke $ 1 die in een campagne wordt geïnvesteerd. Deze benchmark wordt binnen de branche als iets bovengemiddeld beschouwd. Het kwantificeert de winstgevendheid die wordt afgeleid van advertenties en aanvullende productvermeldingen ten opzichte van de gemaakte uitgaven. Om ROI te berekenen, trekt u de totale kosten af van de gegenereerde inkomsten en deelt u dit cijfer vervolgens door de totale kosten: ROI = (Inkomsten - Kosten van verkochte goederen) / Kosten van verkochte goederen. ROI, of rendement op investering, samen met KPI's of belangrijke prestatie-indicatoren, dienen als cruciale maatstaven voor bedrijven om hun succes bij het bereiken van specifieke doelstellingen te beoordelen. De fundamentele methode voor het bepalen van de ROI van een marketingcampagne is om deze te integreren in de bredere evaluatie van de bedrijfslijn. Dit houdt in dat de marketingkosten worden afgetrokken van de omzetgroei van de betreffende onderneming of productlijn, en vervolgens worden gedeeld door de marketingkosten. Deze uitgebreide aanpak schetst een duidelijk beeld van de effectiviteit van een campagne bij het stimuleren van winst. Dit zijn de stappen voor het meten van conversie en ROI:

1. Stel belangrijke conversiedoelen voor evenementen in: De eerste stap bij het meten van conversie en ROI is het instellen van specifieke, meetbare conversiedoelen. Dit kan van alles zijn, van het doen van een

aankoop, het invullen van een formulier tot het downloaden van een e-book.

2. Conversietracking instellen: Nadat u uw conversiedoelen hebt ingesteld, moet u conversietracking instellen in uw webanalysetool, zoals Google Analytics. Hiermee kunt u het aantal conversies op uw website bijhouden en meten.

3. Bepaal de kosten van acquisitie: Om ROI te meten, moet u de kosten van het werven van een nieuwe klant bepalen. Dit omvat de kosten van alle advertenties, zoals pay-per-click-advertenties, evenals de kosten van het maken en promoten van uw website.

4. Bereken conversiepercentage: Het conversiepercentage is het aantal conversies gedeeld door het aantal bezoekers van uw website. Dit is een belangrijke metriek om bij te houden, omdat het u een idee geeft van hoe goed uw website presteert in termen van conversies.

5. Bereken ROI: Om ROI te berekenen, moet u de kosten van het werven van een nieuwe klant aftrekken van de inkomsten die door die klant worden gegenereerd. Dit geeft u een idee van het rendement op uw investering in digitale marketinginspanningen.

6. Continue monitoren en aanpassen: Het is belangrijk om continu uw conversieratio en ROI te monitoren en veranderingen door te voeren om deze te verbeteren. Dit kan betekenen dat u veranderingen aanbrengt aan uw website, uw advertentiestrategie aanpast of uw conversiefunnel verbetert.

Met Google Analytics kunt u uw advertentie-ROI meten en uw video's, sociale netwerksites en -applicaties bijhouden. Om Google Analytics-conversies te importeren in Google Ads moet u Analytics en Google Ads koppelen.

1. Klik in Google Analytics op Beheerder.

2. Zorg ervoor dat u zich in de juiste account en eigendom bevindt.

3. Klik onder PRODUCTKOPPELINGEN op Google Ads-koppelingen.

4. Klik op Link.

5. Klik op Google Ads-accounts kiezen en selecteer vervolgens de Google Ads-accounts die u wilt koppelen. Als u het Google Ads-account dat u wilt koppelen niet ziet, beschikt u mogelijk niet over de vereiste machtigingen.

6. Klik op Bevestigen.

7. Klik op Volgende.

8. De optie Gepersonaliseerde advertenties inschakelen is standaard ingeschakeld.

9. Vouw de optie Automatische tagging inschakelen uit om automatische tagging in te schakelen of laat uw automatische tagging-instellingen zoals ze zijn.

10. Als u autotagging inschakelt wanneer u een manageraccount koppelt, wordt autotagging

ingeschakeld voor alle Google Ads-accounts die rechtstreeks aan het manageraccount zijn gekoppeld.

11. Klik op Volgende en controleer uw instellingen.

12. Klik op Verzenden om uw accounts te koppelen aan de huidige instellingen.

Om conversies te importeren

1. Meld u aan bij uw Google Ads-account.

2. Klik rechtsboven op Extra en instellingen Google Ads | Extra.

3. Ga naar Metingen > Conversies.

4. Klik linksboven op + Nieuwe conversieactie.

5. Klik op Importeren, selecteer Google Analytics 4-eigenschappen en klik op Doorgaan.

6. Selecteer elke conversiegebeurtenis die u wilt importeren, klik op Importeren en ga verder.

7. Klik op Gereed.

Het meten van conversie en ROI zijn essentiële onderdelen van webanalyses, omdat u hiermee de effectiviteit van uw digitale marketinginspanningen kunt bepalen. Zo kunt u het succes van uw digitale marketingcampagnes nauwkeurig volgen en meten, en beslissingen nemen over hoe u uw website kunt verbeteren en betere bedrijfsresultaten kunt behalen.

Web Analytics Quizvragen

1. Wat is het primaire doel van webanalyse?

A. Om je uitsluitend te richten op het aantal websitebezoekers

B. Om gebruikersgedrag te analyseren voor social media marketing

C. Om de gebruikerservaring te verbeteren, de betrokkenheid te vergroten en de marketinginspanningen te optimaliseren

D. Om alleen paginaweergaven en unieke bezoekers bij te houden

Antwoord: C. Om de gebruikerservaring te verbeteren, de betrokkenheid te vergroten en de marketinginspanningen te optimaliseren

2. Welke van de volgende tools wordt NIET genoemd als een veelgebruikte webanalysetool?
A.Google Analytics
B. Omnituur
C.Optimaliseren
D. WordPress-analyse

Antwoord: D. WordPress Analytics

3. Hoe kan Google Analytics helpen bij het bijhouden van conversies voor een specifieke pagina op een website?
A. Door automatisch alle paginaweergaven als conversies te markeren

B. Door afzonderlijke gebeurtenissen in te stellen op basis van de paginaweergavegebeurtenis

C. Door gebruik te maken van een eenstapsproces zonder enige voorwaarden

D. Door de website te koppelen aan sociale mediaplatforms

Antwoord: B. Door afzonderlijke gebeurtenissen in te stellen op basis van de paginaweergavegebeurtenis

4. Wat is de formule om het rendement op investering (ROI) in digitale marketing te berekenen?

A. Omzet - Kosten van verkochte goederen / Totale kosten

B. Totale kosten - Omzet / Kosten van verkochte goederen

C. Kosten van verkochte goederen - Omzet / Totale kosten

D. Omzet / Kosten van verkochte goederen - Totale kosten

Antwoord: A. Omzet - Kosten van verkochte goederen / Totale kosten

5. Hoe kan webanalyse helpen bij het optimaliseren van de prestaties van een website?
A. Door gebruikersgedragspatronen te verwaarlozen
B. Door voortdurend het websiteverkeer te monitoren
C. Door gebruikersgedrag te analyseren , patronen te identificeren en veranderingen door te voeren om de gebruikerservaring te verbeteren
D. Door je alleen te richten op conversiepercentages

Antwoord: C. Door gebruikersgedrag te analyseren , patronen te identificeren en veranderingen door te voeren om de gebruikerservaring te verbeteren.

6. Welke stap is GEEN onderdeel van het instellen van Google Analytics?

A. Een eigenschap toevoegen om de website te vertegenwoordigen

B. Een unieke trackingcode toevoegen aan elke pagina van de website

C. De installatie verifiëren via verificatietools van derden

D. Specifieke instellingen configureren, zoals doelen en filters

Antwoord: C. De installatie verifiëren via verificatietools van derden

7. Wat is het doel van het instellen van conversiedoelen in webanalyses?

A. Om enkel gegevens over websiteverkeer te verzamelen

B. Om evenementen voor elke bezoeker op de website in te stellen

C. Om specifieke, meetbare acties zoals aankopen of formulierinzendingen te volgen

D. Om alleen de demografie van gebruikers te meten

Antwoord: C. Om specifieke, meetbare acties zoals aankopen of formulierinzendingen bij te houden

8. Welk platform helpt het gebruikersgedrag te verfijnen door middel van A/B-testen?

A.Adobe Analytics

B. Piwik

C.Optimaliseren

D.Soortgelijkweb

Antwoord: C. Optimizely

9. Hoe maakt Google Analytics het importeren van conversies in Google Ads mogelijk?

A. Door te linken naar Facebook Ads Manager

B. Door een plug-in van derden te installeren

C. Door integratie met X (voorheen Twitter)Ads

D. Door Analytics en Google Ads te koppelen en conversies te importeren

Antwoord: D. Door Analytics en Google Ads te koppelen en belangrijke gebeurtenissen als conversies te importeren

10. Welke rol spelen belangrijke statistieken bij het begrijpen van gebruikersgedrag via webanalyses?

A. Ze belemmeren een gedetailleerd begrip van de gebruikersinteractie

B. Ze maken het mogelijk om gebruikers te segmenteren zonder dat de belangrijkste gedragingen worden geïdentificeerd

C. Ze helpen patronen en interacties te identificeren, zoals paginaweergaven, bouncepercentages en conversiepercentages

D. Ze richten zich uitsluitend op de hoeveelheid websiteverkeer

Antwoord: C. Ze helpen patronen en interacties te identificeren, zoals paginaweergaven, bouncepercentages en conversiepercentages.

IX. AI gebruiken in digitale marketing
A. Overzicht van AI in digitale marketing

Kunstmatige intelligentie (AI) heeft een revolutie teweeggebracht in het digitale marketinglandschap en is een onmisbaar hulpmiddel geworden voor marketeers die een concurrentievoordeel willen behalen in de voortdurend veranderende digitale wereld. Doe mee en ontdek de transformerende impact van AI op de marketingindustrie.

AI is een tak van computerwetenschap die machines in staat stelt menselijke intelligentie te simuleren, van data te leren en datagestuurde beslissingen te nemen zonder expliciete programmering. In de context van digitale marketing biedt AI ongeëvenaarde mogelijkheden die verschillende aspecten van marketingstrategie en -uitvoering kunnen revolutioneren.

Een van de belangrijkste voordelen van AI in digitale marketing is het vermogen om enorme

hoeveelheden data razendsnel te analyseren .
Door klantdata te verwerken, kan AI diepgaande
inzichten verkrijgen in consumentengedrag ,
voorkeuren en patronen. Deze waardevolle
informatie stelt marketeers in staat om zeer
gepersonaliseerde en gerichte
marketingcampagnes te creëren die aanslaan bij
individuele klanten, de betrokkenheid van klanten
vergroten en conversies stimuleren.

AI-aangedreven algoritmen spelen ook een cruciale
rol bij het automatiseren van repetitieve taken en
het stroomlijnen van marketingactiviteiten. Van
programmatische advertenties en chatbots tot e-
mailmarketing en contentcreatie, AI kan
routinematige processen efficiënt en nauwkeurig
afhandelen, waardoor marketeers zich kunnen
richten op meer strategische en creatieve aspecten
van hun campagnes.

Bovendien verbetert AI de klantervaring via
chatbots en virtuele assistenten die realtime

ondersteuning bieden, vragen beantwoorden en naadloze interacties met merken faciliteren. Dit leidt tot verbeterde klanttevredenheid en merkloyaliteit.

In het hoofdstuk "AI gebruiken in digitale marketing" duiken we in verschillende AI-toepassingen zoals voorspellende analyses, aanbevelingsengines, sentimentanalyse en natuurlijke taalverwerking. Deze geavanceerde AI-technologieën stellen marketeers in staat om te anticiperen op de behoeften van klanten, gepersonaliseerde content te leveren en sentiment en feedback van klanten beter te begrijpen.

Hoewel AI een enorm potentieel biedt, is het voor marketeers cruciaal om een balans te vinden tussen automatisering en menselijke aanraking. Het menselijke element in marketing, zoals creativiteit, emotioneel begrip en empathie, blijft onvervangbaar. Succesvolle digitale marketingstrategieën maken gebruik van AI als een krachtig hulpmiddel om menselijke capaciteiten te vergroten en uitzonderlijke klantervaringen te leveren.

In dit hoofdstuk verkennen we de innovatieve manieren waarop AI digitale marketing vormgeeft en marketeers in staat stelt om voorop te blijven lopen in het dynamische en competitieve landschap. Door de transformerende rol van AI te begrijpen, krijgen lezers waardevolle kennis over hoe ze het volledige potentieel van AI-gestuurde strategieën en tactieken kunnen benutten om digitale marketingeffectiviteit te bereiken .

A. AI opzetten in digitale marketing

1. AI begrijpen in digitale marketing:

Voordat u zich in de implementatie stort, is het cruciaal om een goed begrip te hebben van hoe AI functioneert in de context van digitale marketing. Verken de concepten van machine learning, natuurlijke taalverwerking en voorspellende analyses om de fundamentele principes achter AI-gestuurde marketingstrategieën te begrijpen.

2. Identificeer marketingdoelstellingen:

Begin met het definiëren van duidelijke marketingdoelen die AI u kan helpen bereiken. Of het nu gaat om het verbeteren van klantbetrokkenheid, het verhogen van conversies of het verbeteren van personalisatie, het identificeren van uw doelen zal u helpen bij het selecteren van de juiste AI-tools en -technieken.

3. Kies de juiste AI-tools en -platforms:

Er is een breed scala aan AI-tools en -platforms beschikbaar voor marketeers. Onderzoek en vergelijk verschillende oplossingen om te bepalen welke het beste aansluiten bij uw marketingdoelstellingen en budget. Hier zijn enkele topbronnen om te verkennen:

- IBM Watson: IBM's AI-platform biedt een scala aan AI-gestuurde oplossingen, waaronder chatbots, sentimentanalyse en contentoptimalisatie. Bezoek: https://www.ibm.com/watson

- Google AI: Google's AI-platform biedt geavanceerde tools voor natuurlijke taalverwerking, beeldherkenning en voorspellende analyses. Ontdek: https://ai.google

- Salesforce Einstein: Salesforce's AI-aangedreven CRM-platform helpt marketeers gepersonaliseerde ervaringen en voorspellende inzichten te leveren. Meer informatie: https://www.salesforce.com/products/einstein/

4. Gegevensverzameling, integratie en ontwikkeling:

AI gedijt op data. Zorg dat u een robuust dataverzamelingssysteem hebt om relevante klantinformatie te verzamelen. Integreer data uit verschillende bronnen, zoals CRM-systemen, sociale media, website-analyses en klantinteracties, om een uitgebreide dataset voor AI-analyse te bouwen. U kunt full-stack web-apps prompten, uitvoeren, bewerken en implementeren met: https://bolt.new/ of https://replit.com/

5. Implementeer AI-gestuurde personalisatie:

Gebruik AI om gepersonaliseerde ervaringen te leveren aan uw doelgroep. AI-aangedreven aanbevelingsengines kunnen relevante producten, content of services voorstellen op basis van individuele voorkeuren, wat leidt tot meer betrokkenheid en conversies.

6. Omarm chatbots en virtuele assistenten:

Integreer AI-gestuurde chatbots en virtuele assistenten om realtime ondersteuning te bieden aan uw klanten. Deze conversationele tools kunnen de klantenservice verbeteren, vragen beantwoorden en gebruikers door de buyer's journey leiden.

- ChatGPT: geweldig om direct antwoorden te krijgen, creatieve inspiratie te vinden en content te genereren https://openai.com/

- Claude: blinkt uit in een breed scala aan taken, van geavanceerde dialogen en creatieve contentgeneratie tot gedetailleerde instructies https://www.anthropic.com

- Perplexity is een gratis AI-gestuurde antwoordmachine die nauwkeurige, betrouwbare en realtime antwoorden op elke vraag biedt. https://www.perplexity.ai/

7. Monitoren en optimaliseren:

Controleer regelmatig de prestaties van uw AI-implementaties en analyseer de gegevens om datagestuurde beslissingen te nemen. Optimaliseer uw AI-modellen en -strategieën continu om de efficiëntie en effectiviteit te verbeteren.

Aanvullende online bronnen:

- HubSpot AI Blog: Krijg toegang tot inzichtelijke artikelen en bronnen over hoe AI digitale marketing transformeert op HubSpot's AI blog. Link: https://blog.hubspot.com/marketing/topic/artificial-intelligence

- MOZ AI en Machine Learning: MOZ's resource center biedt waardevolle inzichten in AI en machine learning in de marketingwereld. Bezoek: https://moz.com/learn/seo/ai

- Digital Marketing Institute: Blijf op de hoogte van de laatste AI-trends en best practices met de AI-gerichte cursussen van het Digital Marketing Institute. Website: https://digitalmarketinginstitute.com/

A. Begrijpen van AI-tools voor digitale marketing

Uiteindelijk moet u AI-tools gaan gebruiken om ze te begrijpen. Hier is een lijst met fantastische AI-services die u helpen bij het opzetten van uw digitale marketingtoolset.

1. Chatbots en conversationele AI:

Chatbots zijn een game-changer geworden in klantondersteuning en -betrokkenheid. Deze door AI aangestuurde virtuele assistenten kunnen communiceren met websitebezoekers, vragen beantwoorden en gepersonaliseerde aanbevelingen doen. ChatGPT van OpenAI is een geavanceerd taalmodel dat chatbots en conversationele agenten aanstuurt. Ontdek de mogelijkheden van ChatGPT op:
https://chat.openai.com/

2. Visuele contentcreatie met Canva:

Visuele content is een hoeksteen van effectieve digitale marketing. Canva is een door AI aangestuurde ontwerptool waarmee marketeers verbluffende graphics, social media posts, infographics en meer kunnen maken, zelfs zonder ontwerpexpertise. Je kunt zelfs bulkcontent maken met ChatGPT door een CSV-bestand te maken met gegevens, zoals headers en taglines. Ga vervolgens in Canva naar Apps en klik op "Bulk Create" om het CSV-bestand te uploaden en de header van tagline-gegevens te importeren. Dit betekent dat je nu je de gegevens hebt gekoppeld, bijna onbeperkte aantallen social media posts kunt maken voor YouTube of andere kanalen. Ontdek de creatieve mogelijkheden met Canva op:

https://www.canva.com

3. De door AI aangestuurde advertentieoplossingen van Bing:

Bing, de zoekmachine van Microsoft, biedt een scala aan AI-aangedreven advertentieoplossingen die uw digitale marketingcampagnes kunnen verbeteren. Met functies zoals automatisch bieden en doelgroeptargeting kunnen de AI-tools van Bing u helpen uw advertentie-uitgaven te optimaliseren en betere resultaten te behalen. Meer informatie vindt u op: https://www.bing.com/?/ai

4. Google's AI-schrijfassistent - "Google Gemini":

Het schrijven van boeiende en SEO-vriendelijke content is essentieel voor succes in digitale marketing. De AI-schrijfassistent van Google, Gemini, is ontworpen om contentmakers te helpen hun teksten te verfijnen en optimaliseren. Van het maken van boeiende koppen tot het verbeteren van de leesbaarheid, Bard biedt waardevolle AI-gestuurde inzichten. Ontdek Bard op: https://gemini.google.com/

5. AI-gestuurde e-mailmarketing met Phrasee :

E-mailmarketing is een krachtig hulpmiddel in het arsenaal van de digitale marketeer. Phrasee is een AI-aangedreven platform dat e-mailonderwerpregels en -inhoud optimaliseert om hogere open rates en betrokkenheid te genereren. Ontketen het potentieel van AI in e-mailmarketing met Phrasee : https://phrasee.co/

6. AI-aangedreven social media management - Hootsuite:

Het beheren van meerdere social media platforms kan tijdrovend zijn. Hootsuite's AI-gestuurde social media management platform helpt bij het stroomlijnen van planning, content curation en engagement van het publiek. Ontdek hoe Hootsuite uw social media strategie kan verbeteren: https://hootsuite.com/

7. AI voor het maken van afbeeldingen - Adobe Photoshop:

Een krachtige tool is Adobe Photoshop met Firefly Generative AI, een baanbrekende functie waarmee gebruikers snel afbeeldingen kunnen maken, wijzigen en verbeteren met behulp van eenvoudige tekstprompts. Adobe Photoshop, een bekende grafische ontwerpsoftware, heeft Firefly Generative AI geïntegreerd om het beeldbewerkingsproces te stroomlijnen en het intuïtiever en efficiënter te maken. Met deze AI-aangedreven tool kunnen marketeers en ontwerpers snel afbeeldingen manipuleren, elementen toevoegen, objecten verwijderen of achtergronden vervangen met behulp van natuurlijke taalopdrachten. U hoeft niet langer door complexe menu's te navigeren of ingewikkelde opdrachten te onthouden; in plaats daarvan kunnen ze met de software communiceren met behulp van eenvoudige, natuurlijke taalinstructies. Voor meer informatie over Adobe-tools: https://www.adobe.com . Hier zijn enkele 5 tips van Adobe om aan de slag te gaan met generatieve AI:

https://business.adobe.com/blog/the-latest/five-tips-for-getting-started-with-generative-ai

8. AI voor het maken van afbeeldingen - Midjourney:

Midjourney is een innovatief AI-aangedreven platform dat de manier waarop digitale marketeers visuele content creëren revolutioneert. Door middel van geavanceerde AI-algoritmen kan Midjourney enorme hoeveelheden data analyseren , interpreteren en synthetiseren om overtuigende en visueel aantrekkelijke afbeeldingen en video's te maken. Deze tool stelt marketeers in staat om hun contentcreatieproces te stroomlijnen, tijd en middelen te besparen en tegelijkertijd hoogwaardige visuals te leveren die aanslaan bij hun doelgroep. https://www.midjourney.com

9. Boek "AI Everything" van Peter Woodford

In een wereld waarin algoritmes mensen te slim af zijn en door AI gegenereerde scripts ervoor zorgen dat schrijvers moeten vechten om relevant te blijven, duikt AI Everything met kop en schouders in de buitengewone en vaak zenuwslopende revolutie die ons leven verandert. Dit boek is speciaal voor de slimme jonge ondernemer en legt uit hoe kunstmatige intelligentie industrieën op zijn kop zet, fortuinen creëert en banen vervangt sneller dan je 'automatisering' kunt zeggen.

Van AI's griezelige vermogen om creativiteit na te bootsen tot zijn ethische koorddansen, deze gids is uw zaklamp door de mist van een onzekere toekomst. Met een vleugje humor en een vleugje dystopische flair, wapent AI Everything u met de inzichten en strategieën om deze tech-vloedgolf te berijden zonder dat u er helemaal in wordt opgeslokt.

Klaar om te floreren waar anderen falen? Dit boek biedt niet alleen een lens in de AI-gedreven toekomst, maar ook een blauwdruk voor succes. Gesp je vast: je ondernemersreis naar morgen begint hier. **Er worden ongeveer 100 beste AI-tools behandeld in dit boek!**

Kindle

https://www.amazon.com/dp/B0DT9B3F8S

Paperback

https://www.amazon.com/dp/B0DTDM8J5B

Hardcover

https://www.amazon.com/dp/B0DTFYM1P6

Bedrijven die zich bezighouden met kunstmatige intelligentie (AI) transformeren het bedrijfsleven, de cultuur en het leven.

A. Het meten van de effectiviteit en ROI van AI

Omdat kunstmatige intelligentie (AI) een cruciale rol blijft spelen bij het vormgeven van digitale marketingstrategieën, wordt het voor marketeers steeds belangrijker om de effectiviteit van AI-gestuurde initiatieven te meten en het rendement op investering (ROI) dat deze opleveren, te beoordelen.

1. Het bijhouden van belangrijke prestatie-indicatoren (KPI's):

Om het succes van AI-gestuurde campagnes te meten, identificeert u relevante KPI's die aansluiten bij uw marketingdoelen. Als uw doel bijvoorbeeld is om de betrokkenheid van de website te vergroten, houdt u statistieken bij zoals doorklikpercentages, tijd op pagina en bouncepercentages. Houd voor leadgeneratie het aantal gekwalificeerde leads bij dat is gegenereerd via AI-gestuurde chatbots of gepersonaliseerde contentaanbevelingen.

2. Conversiepercentages analyseren :

AI kan conversiepercentages optimaliseren door ervaringen op maat te maken voor individuele gebruikers. Analyseer conversiepercentages voor verschillende segmenten en beoordeel de impact van AI-gestuurde personalisatie op het verbeteren van conversiepercentages. Hulpmiddelen zoals Google Analytics en AI-gestuurde analyseplatforms kunnen helpen bij deze analyse.

3. A/B-testen van AI-experimenten:

Voer A/B-tests uit om de prestaties van AI-gestuurde campagnes te vergelijken met traditionele benaderingen. Test verschillende AI-algoritmen, contentvariaties of chatbotinteracties om de meest effectieve strategie te bepalen voor het bereiken van uw marketingdoelen.

4. Klantfeedback en sentimentanalyse:

AI-gestuurde sentimentanalysetools kunnen het sentiment van klanten meten aan de hand van berichten op sociale media, beoordelingen en andere bronnen. Begrijp hoe klanten AI-gestuurde interacties waarnemen en hoe dit hun ervaring en merkperceptie beïnvloedt.

5. Kostenbesparing en efficiëntie:

Beoordeel de kosteneffectiviteit van AI-implementatie door de kosten die gepaard gaan met traditionele marketingmethoden te vergelijken met AI-gestuurde initiatieven. Meet de vermindering van handmatige inspanningen en de tijdsbesparing door geautomatiseerde AI-processen.

6. AI-impact op de Customer Lifetime Value (CLV):

Evalueer hoe AI-gestuurde personalisatie en aanbevelingsengines de klantretentie en levenslange waarde beïnvloeden. Een hogere CLV duidt op succesvolle AI-implementatie en het positieve effect ervan op klantloyaliteit.

7. AI-attributiemodellen:

Gebruik door AI aangestuurde attributiemodellen om de bijdrage van door AI aangestuurde contactpunten in de customer journey te begrijpen. Analyseer hoe AI-interacties conversies beïnvloeden en helpen bij het nemen van beslissingen. Als u een app of website hebt, kunt u Google Analytics gebruiken om de prestaties van de website bij te houden en gebruikersgedrag te begrijpen . Maar belangrijker nog, u kunt ook die Google Analytics-gegevens van verkeersbronnen, conversies en gebruikersinteracties exporteren en vervolgens ChatGPT gebruiken om gegevensanalyses uit te voeren, wat resulteert in gedetailleerde inzichten.

https://analytics.google.com

Salesforce Einstein biedt marketeers AI-gestuurde tools voor CRM om klantgegevens te analyseren , gedrag te voorspellen en interacties te personaliseren voor een betere ROI.

https://www.salesforce.com/ap/products/einstein/overview/

Om AI optimaal te benutten in digitale marketing, moeten marketeers voortdurend op zoek gaan naar nieuwe tools om de prestaties te verbeteren. Met de juiste AI-platforms kunt u namelijk de effectiviteit van campagnes, de klantervaring en het rendement op investeringen van uw advertentiecampagnes enorm verbeteren.

A. AI Quizvragen

1. Wat is een belangrijk voordeel van AI in digitale marketing?
A. Handmatige afhandeling van repetitieve taken

B. Langzamere gegevensverwerking

C. Beperkte inzichten in klantgedrag

D. Analyse van grote hoeveelheden data met hoge snelheid

Antwoord: D. Analyse van grote hoeveelheden data met hoge snelheid

2. Welke fundamentele principes zijn cruciaal om AI in digitale marketing te begrijpen?

A. Blockchain-technologie en cryptocurrency

B. Machine learning, natuurlijke taalverwerking en voorspellende analyses

C. Alleen traditionele marketingstrategieën

D. Grafisch ontwerp en videobewerking

Antwoord: B. Machine learning, natuurlijke taalverwerking en voorspellende analyses

3. Hoe draagt AI bij aan klantbetrokkenheid in digitale marketing?

A. Door de noodzaak voor gepersonaliseerde campagnes weg te nemen

B. Door beperkte inzichten in consumentenvoorkeuren

C. Door alleen de marketingactiviteiten te stroomlijnen

D. Door zeer gepersonaliseerde en gerichte campagnes mogelijk te maken

Antwoord: D. Door zeer gepersonaliseerde en gerichte campagnes mogelijk te maken

4. Welk AI-gestuurd platform is gespecialiseerd in het optimaliseren van e-mailonderwerpregels en -inhoud?

A.Salesforce Einstein

B. Uitdrukking

C. Google AI

D. Bing's AI-advertentieoplossingen

Antwoord: B. Phrasee

5. Wat is het belang van A/B-testen bij het beoordelen van AI-gestuurde campagnes?

A. Om AI-gestuurde campagnes te vergelijken met traditionele marketingbenaderingen

B. Om de noodzaak voor analyse van klantenfeedback te elimineren

C. Om uitsluitend conversiepercentages te beoordelen

D. Om de meest effectieve AI-algoritmen te bepalen

Antwoord: A. Om AI-gestuurde campagnes te vergelijken met traditionele marketingbenaderingen

6. Welke AI-tool is gespecialiseerd in conversatie- en chatbotinteracties?

A. Adobe Photoshop met Firefly Generative AI

B. Halverwege de reis

C.ChatGPT

D.Canva

Antwoord: C. ChatGPT

7. Hoe draagt AI bij aan de optimalisatie van de creatie van visuele content?

A. Door uitsluitend te focussen op tekstuele contentcreatie

B. Door het creëren van complexe grafische ontwerpen

C. Door het analyseren en synthetiseren van gegevens voor overtuigende afbeeldingen en video's

D. Door alleen basisontwerpsjablonen te verstrekken

Antwoord: C. Door het analyseren en synthetiseren van gegevens voor overtuigende afbeeldingen en video's

8. Waar moeten marketeers op letten om het succes van AI-gestuurde campagnes te meten?

A. Alleen de vermindering van handmatige inspanningen

B. Alleen A/B-testresultaten

C. Feedback van klanten, sentimentanalyse en conversiepercentages

D. Kostenbesparing en efficiëntie

Antwoord: C. Feedback van klanten, sentimentanalyse en conversiepercentages

9. Welk platform biedt AI-gestuurde tools voor CRM om gedrag te voorspellen en interacties te personaliseren?

A.Adobe Photoshop

B. Google AI

C.Salesforce Einstein

D.Canva

Antwoord: C. Salesforce Einstein

10. Hoe benadrukt de tekst de rol van AI in digitale marketing?

A. AI wordt genoemd als vervanging voor menselijke creativiteit in marketingstrategieën

B. Het benadrukt dat AI de enige bepalende factor is voor een succesvolle marketingcampagne

C. Het benadrukt de noodzaak om AI-mogelijkheden in evenwicht te brengen met menselijke aanraking voor uitzonderlijke klantervaringen

D. Het richt zich uitsluitend op de technische aspecten van AI, zonder rekening te houden met de toepassing ervan in marketing

Antwoord: C. Het benadrukt de noodzaak om de mogelijkheden van AI in evenwicht te brengen met de menselijke aanpak voor uitzonderlijke klantervaringen.

X. Digitale marketingstrategie

A. Een digitaal marketingplan ontwikkelen

Een digitaal marketingplan is een uitgebreide strategie die de stappen en tactieken schetst die u zult nemen om uw doelgroep te bereiken en uw marketingdoelen te behalen. Dit zijn de stappen voor het ontwikkelen van een digitaal marketingplan:

1. Definieer uw doelgroep: De eerste stap bij het ontwikkelen van een digitaal marketingplan is het identificeren van uw doelgroep. Dit omvat het begrijpen van hun demografie, gedrag en pijnpunten. Deze informatie zal de rest van uw digitale marketingstrategie informeren. Een andere aanpak is om het regelboek te scheuren en niets aan te nemen over uw gebruikersdemografie, maar de kennis te halen uit statistische gegevens nadat u uw eerste campagne hebt gelanceerd.

2. Voer een SWOT-analyse uit: Een SWOT-analyse (Strengths, Weaknesses, Opportunities, and Threats) is een handig hulpmiddel om de huidige positie van uw bedrijf in de markt te bepalen. Het helpt u bij het identificeren van uw sterktes, zwaktes, groeikansen en potentiële bedreigingen.

3. Stel marketingdoelen in: Vervolgens moet u specifieke, meetbare marketingdoelen instellen. Dit kan van alles zijn, van het verhogen van websiteverkeer , het stimuleren van verkopen of het opbouwen van merkbekendheid.

4. Kanalen identificeren: Zodra u uw marketingdoelen hebt bepaald, moet u bepalen welke kanalen het meest effectief zijn om uw doelgroep te bereiken. Dit kan sociale media, e-mailmarketing, betaalde advertenties en meer omvatten.

5. Ontwikkel een contentstrategie: Een sterke contentstrategie is essentieel voor elk

digitaal marketingplan. Dit omvat het creëren van waardevolle, boeiende content die direct tot uw doelgroep spreekt en uw marketingdoelen ondersteunt. Houd er rekening mee dat het maken van een contentkalenderschema sommige juniormedewerkers kan helpen, maar dat het vereisen hiervan van meer ervaren managers de zaken kan belemmeren, omdat ze flexibel moeten zijn over wat er gebeurt en wanneer.

6. Bepaal budget en wijs middelen toe: Ten slotte moet u uw budget bepalen en middelen dienovereenkomstig toewijzen. Dit omvat het identificeren van de middelen die nodig zijn om uw digitale marketingplan uit te voeren, zoals personeel, technologie en advertentie-uitgaven.

7. Continue monitoring en aanpassing: Zodra uw digitale marketingplan op zijn plaats staat, is het belangrijk om uw strategie

continu te monitoren en aan te passen indien nodig. Dit kan betekenen dat u wijzigingen aanbrengt in uw contentstrategie, uw budget aanpast of uw aanpak aanpast op basis van gegevens en inzichten.

Concluderend is een digitaal marketingplan een uitgebreide strategie die de stappen en tactieken schetst die u zult nemen om uw doelgroep te bereiken en uw marketingdoelen te bereiken. Door deze stappen te volgen, kunt u een robuust en effectief digitaal marketingplan ontwikkelen dat betere bedrijfsresultaten zal opleveren en u zal helpen uw marketingdoelen te bereiken.

B. Kanalen integreren

Integratie van kanalen verwijst naar het combineren van verschillende digitale marketingkanalen op een manier die hun individuele sterke punten maximaliseert en een geharmoniseerde en samenhangende marketingstrategie bereikt. Door kanalen te integreren, kunnen marketeers ervoor zorgen dat elk kanaal samenwerkt om een gemeenschappelijk doel te ondersteunen, en zo het maximale uit hun inspanningen en middelen te halen.

De meest voorkomende kanalen om te integreren zijn e-mailmarketing, social media marketing, contentmarketing, zoekmachineoptimalisatie (SEO) en pay-per-click-advertenties (PPC). Bij het integreren van deze kanalen is het belangrijk om de volgende stappen in gedachten te houden:

1. Bepaal uw doelgroep: Inzicht in uw doelgroep en hun voorkeuren is de eerste stap in het integreren van uw marketingkanalen. Hier is een geweldig artikel over "Hoe u uw doelgroep identificeert"

https://www.upwork.com/resources/target-audience

2. Definieer uw doelen: identificeer de doelstellingen van elk kanaal en bepaal hoe deze passen binnen uw algemene marketingstrategie.

3. Maak een contentplan: Ontwikkel een contentplan dat aansluit bij uw algehele marketingstrategie en alle kanalen integreert. "How to Develop a Content Strategy" is beschikbaar op https://catsy.com/blog/content-strategy/

4. Stel een meetplan op: stel meetgegevens vast om het succes van elk kanaal te meten en hoe deze bijdragen aan het algehele marketingsucces.

5. Verbind uw kanalen: zorg ervoor dat alle kanalen met elkaar verbonden zijn, zodat u ze effectief kunt integreren en beheren.

6. Regelmatig evalueren en aanpassen: Evalueer regelmatig uw geïntegreerde

marketingkanalen om er zeker van te zijn dat
ze de gewenste resultaten opleveren en
voer indien nodig aanpassingen door.

Door uw kanalen te integreren, kunt u een
samenhangende en effectieve digitale
marketingstrategie bereiken die de impact van uw
inspanningen en middelen maximaliseert, wat
uiteindelijk leidt tot betere conversiepercentages en
een hoger rendement op investering. Hier zijn een
paar Omnichannel Marketing Voorbeelden –
Geïmplementeerd door 10 Geweldige Merken
https://www.moengage.com/blog/7-brands-who-
mastered-omnichannel-marketing-campaigns/

C. Campagnes meten en optimaliseren

In het domein van digitale marketing is het proces
van het meten en optimaliseren van campagnes
een cruciale fase. Deze cruciale stap stelt
marketeers in staat om de doeltreffendheid van hun

inspanningen nauwkeurig te beoordelen en strategieën te verfijnen voor maximale impact.

Om deze reis te kunnen maken, moeten een aantal strategische stappen worden ondernomen:

1. Definieer uw doelen: De basis van een succesvolle campagne ligt in het vaststellen van duidelijke en specifieke doelen. Deze doelen moeten in lijn zijn met het doel van uw campagne, of het nu gaat om het genereren van websiteverkeer of het opvoeren van de verkoop.

2. Kies de juiste statistieken: Het identificeren van de juiste Key Performance Indicators (KPI's) is van het grootste belang. Deze statistieken moeten direct gerelateerd zijn aan uw doelen en een uitgebreid overzicht bieden van de prestaties van uw campagne. Ze dienen als het leidende kompas naar succes.

3. Tracking instellen: De implementatie van robuuste tracking- en analysetools is niet onderhandelbaar. Platformen zoals [Google Analytics](https://analytics.google.com) spelen een cruciale rol bij het evalueren van campagneprestaties. Ze leveren een schat aan data, die inzicht biedt in gebruikersgedrag , acquisitiekanalen en conversiepercentages.

4. Monitor prestaties: Waakzame monitoring is de hoeksteen van succes. Regelmatig de campagneprestaties beoordelen ten opzichte van gekozen KPI's biedt waardevolle inzichten in de voortgang ervan. Deze analytische controle is de sleutel tot inzicht in hoe goed uw inspanningen aansluiten bij uw vooraf gedefinieerde doelstellingen.

5. Neem datagestuurde beslissingen: data vormen de ruggengraat van geïnformeerde besluitvorming. Gebruik de inzichten die zijn verzameld door prestatiebewaking om uw beslissingen te sturen.

Deze datagerichte aanpak zorgt ervoor dat aanpassingen en optimalisaties geworteld zijn in empirisch bewijs.

6. Test en herhaal: Een cultuur van continue verbetering is essentieel. Test en herhaal grondig verschillende elementen van uw campagnes. Dit kan inhouden dat u experimenteert met verschillende advertentieteksten, demografische doelgroepen verfijnt of het ontwerp van de landingspagina optimaliseert. Elke herhaling brengt u een stap dichter bij een geoptimaliseerde, goed presterende campagne.

7. Continue verbetering: De reis van het meten en optimaliseren van campagnes is een voortdurende. Het vereist waakzaamheid, een datacentrische aanpak en een toewijding aan verfijning. Monitor, meet en optimaliseer uw campagnes continu, en pas ze waar nodig aan om uw doelen te bereiken en betere resultaten te behalen.

235

Door deze stappen te volgen, zorgt u er niet alleen voor dat uw digitale marketinginspanningen effectief en efficiënt zijn, maar positioneert u zich ook voor de best mogelijke resultaten in het voortdurend veranderende digitale landschap. Voor degenen die zich wagen aan online verkoop, verken deze top-tier e-commerceplatforms:

- Nr. 1 e-commerceplatform voor alle bedrijven: https://www.shopify.com

- Web.com biedt een verscheidenheid aan website- en marketingoplossingen: https://www.web.com

- Maak een aanpasbare website of online winkel met een alles-in-één oplossing: https://www.squarespace.com

- BigCommerce biedt bedrijven software waarmee ze online en mobiele winkels kunnen opzetten en beheren , betalingen kunnen verwerken en valuta kunnen omrekenen: https://www.bigcommerce.com

- WooCommerce is een open-source e-commerce plugin voor WordPress:

https://www.woocommerce.com

D. Op de hoogte blijven van trends in de sector

Op de hoogte blijven van trends in de industrie is een belangrijk aspect van digitale marketing, omdat het helpt ervoor te zorgen dat uw marketingstrategieën relevant en effectief zijn. Hier zijn enkele manieren om op de hoogte te blijven van de laatste ontwikkelingen in digitale marketing:

1. Lees blogs en publicaties uit de industrie: blijf op de hoogte door blogs, vakbladen en andere publicaties uit de industrie te lezen. Enkele van de beste bronnen voor nieuws en inzichten over digitale marketing zijn Search Engine Land https://searchengineland.com/ , MarTech https://martech.org/ , AdWeek

https://www.adweek.com/ , en Insider
Intelligence
https://www.insiderintelligence.com/ , Media
Post https://www.mediapost.com/

2. Bezoek conferenties en evenementen:
   Bezoek conferenties en evenementen waar
   u experts kunt horen en kunt netwerken met
   andere professionals in het veld. Enkele van
   de beste digitale marketingevenementen zijn
   DigiMarCon Southeast Asia
   https://digimarconsoutheastasia.com , de
   Mar Tech Summit
   https://themartechsummit.com , en het
   Digital Marketing World Forum
   https://www.digitalmarketing-
   conference.com/ .

3. Volg thought leaders op social media: volg
   thought leaders en influencers op social
   media platforms zoals X (voorheen Twitter),
   LinkedIn en Instagram om op de hoogte te

blijven van hun inzichten en perspectieven op de laatste trends.

4. Sluit u aan bij online communities: neem deel aan online communities en forums, zoals LinkedIn-groepen en Facebook-groepen, om in contact te blijven met andere professionals en ideeën en best practices uit te wisselen.

5. Blijf op de hoogte van technologische veranderingen: digitale marketing verandert voortdurend. Daarom is het belangrijk om op de hoogte te blijven van technologische veranderingen, zoals nieuwe sociale-mediaplatforms, AI en machine learning.

Door op de hoogte te blijven van de trends in de sector, blijft u de concurrentie voor en zorgt u ervoor dat uw digitale marketingstrategieën effectief en relevant zijn in het voortdurend veranderende digitale landschap.

Quizvragen over digitale marketingstrategie

Sectie A: Een digitaal marketingplan ontwikkelen

1. Wat is de eerste stap bij het ontwikkelen van een digitaal marketingplan?

a) Voer een SWOT-analyse uit

b) Definieer uw doelgroep

c) Marketingdoelen stellen

d) Kanalen identificeren

Antwoord: b) Definieer uw doelgroep

2. Welke stap omvat het bepalen van uw budget en het toewijzen van middelen in een digitaal marketingplan?

a) Een SWOT-analyse uitvoeren

b) Marketingdoelen stellen

c) Een contentstrategie ontwikkelen

d) Bepalen van het budget en toewijzen van middelen

Antwoord: d) Bepalen van het budget en toewijzen van middelen

Sectie B: Kanalen integreren

3. Wat is de eerste stap bij het integreren van marketingkanalen?

a) Een contentplan maken

b) Regelmatig herzien en aanpassen

c) Uw doelgroep bepalen

d) Tracking instellen

Antwoord: c) Uw doelgroep bepalen

4. Wat wordt benadrukt als cruciaal voor het integreren van marketingkanalen?

a) Regelmatig herzien en aanpassen

b) Een contentplan maken

c) Tracking instellen

d) Uw kanalen verbinden

Antwoord: d) Uw kanalen verbinden

Sectie C: Campagnes meten en optimaliseren

5. Wat dient als leidraad voor succes bij het meten van campagnes?

a) Doelen definiëren

b) Datagestuurde beslissingen nemen

c) Tracking instellen

d) Prestatiebewaking

Antwoord: a) Doelen definiëren

6. Welke stap omvat het implementeren van robuuste tracking- en analysetools?

a) Doelen definiëren

b) Datagestuurde beslissingen nemen

c) Tracking instellen

d) Testen en itereren

Antwoord: c) Tracking instellen

7. Hoe kunnen professionals op de hoogte blijven van de laatste trends in de sector?

a) Het bijwonen van conferenties en evenementen

b) Het lezen van blogs en publicaties uit de sector

c) Thought leaders volgen op sociale media

d) Alle bovenstaande

Antwoord: d) Alle bovenstaande

8. Wat wordt NIET voorgesteld als methode om op de hoogte te blijven van trends in de sector?

a) Het bijwonen van conferenties en evenementen

b) Thought leaders volgen op sociale media

c) Enkel vertrouwen op persoonlijke aannames

d) Het lezen van blogs en publicaties uit de sector

Antwoord: c) Alleen vertrouwen op persoonlijke aannames

XI. Conclusie en toekomst van digitale marketing

A. Samenvatting van de belangrijkste concepten

In de conclusie en toekomst van Digital Marketing is het belangrijk om de belangrijkste behandelde concepten te herhalen. Deze omvatten een overzicht van verschillende digitale marketingkanalen zoals Content Marketing, Email Marketing, Affiliate Marketing, Mobile Marketing en Web Analytics.

U leerde over het belang van het ontwikkelen van een digitaal marketingplan en het integreren van verschillende kanalen voor maximale effectiviteit. Er werd ook besproken hoe u het succes van elk kanaal kunt meten via statistieken zoals conversiepercentages, return on investment (ROI) en engagementstatistieken.

Daarnaast maakte u kennis met diverse hulpmiddelen en technieken om campagnes te optimaliseren en op de hoogte te blijven van trends in de sector. Het doel was om u een uitgebreid inzicht te geven in digitale marketing en de vaardigheden te ontwikkelen en implementeren die nodig zijn om een succesvolle strategie te ontwikkelen en implementeren.

In het snel veranderende digitale landschap is het cruciaal om op de hoogte te blijven en je aan te passen aan veranderingen. De toekomst van digitale marketing zal waarschijnlijk nieuwe technologieën en innovaties met zich meebrengen, waardoor het voor marketeers nog belangrijker wordt om zichzelf voortdurend te blijven bijscholen en voorop te blijven lopen.

B. Toekomstige trends in digitale marketing

In de conclusie en toekomst van digitale marketing is het belangrijk om de opkomende trends te overwegen die het digitale marketinglandschap zullen vormen. Enkele van de belangrijkste trends in digitale marketing zijn:

1. Kunstmatige intelligentie (AI) en machinaal leren (ML): AI en ML worden steeds meer geïntegreerd in digitale marketingstrategieën om grote hoeveelheden data te analyseren en ervaringen te personaliseren voor individuele gebruikers. Bijvoorbeeld klantsegmentatie, voorspellende analyses, personalisatie van content, chatbots en virtuele assistenten, sentimentanalyse, advertentieoptimalisatie, optimalisatie van spraakzoekopdrachten.

2. Interactieve en meeslepende ervaringen: Dankzij technologische vooruitgang kunnen marketeers nu interactieve en meeslepende ervaringen creëren die gebruikers betrekken en conversies stimuleren.

3. Influencer Marketing: De populariteit van influencer marketing blijft groeien, omdat

meer merken zich tot social media influencers wenden om hun doelgroep te bereiken. Tegenwoordig omvat dat ook AI influencers.

4. Optimalisatie van spraakgestuurd zoeken: nu spraakgestuurd zoeken steeds gangbaarder wordt, is het voor marketeers belangrijk om hun content te optimaliseren voor spraakgestuurd zoeken. Zo weet u zeker dat deze in relevante zoekresultaten verschijnt.

5. Videomarketing: Video blijft een krachtig hulpmiddel om het publiek te betrekken en conversies te stimuleren. Marketeers zullen video in verschillende vormen blijven gebruiken, waaronder livestreams, korte video's en 360-gradenvideo's, maar beginnen al met interactieve video's, dit zijn tv-programma's, films of trivia, bijvoorbeeld op Netflix https://www.netflix.com, waar u het verhaal bestuurt, vragen beantwoordt en

meer. Bij sommige interactieve specials kunt u zelf bepalen wat er vervolgens gebeurt, terwijl andere meer op trivia lijken. Binnenkort komt er ruimtelijk computergebruik, zoals met Apple Vision Pro, dat digitale content naadloos combineert met uw fysieke ruimte.

https://www.apple.com/apple-vision-pro/

6. Micromomenten: Marketeers moeten zich richten op het trekken van de aandacht van klanten in micromomenten, wanneer zij actief op zoek zijn naar informatie, producten evalueren of een aankoopbeslissing nemen.

Ja, het is belangrijk dat u op de hoogte blijft van deze en andere opkomende trends. Zo bent u als digitale marketeer beter toegerust om effectieve strategieën te creëren die bedrijfsresultaten opleveren en kunt u, of de merken die u vertegenwoordigt, de concurrentie voorblijven.

C. Voorbereiding op een carrière in digitale marketing.

Concluderend over digitale marketing is het belangrijk om de voorbereiding op een carrière in het veld te bespreken. Hier zijn een paar belangrijke punten om te bespreken:

1. Blijf leren: digitale marketing is een snel evoluerend veld en het is essentieel om uw vaardigheden en kennis voortdurend bij te werken. Blijf op de hoogte van de laatste trends en technologieën door brancheblogs te lezen, conferenties en webinars bij te wonen en aanvullende cursussen te volgen.

2. Bouw een portfolio: Begin met het maken en presenteren van je werk, of dat nu via een persoonlijke website is of op platforms als LinkedIn. Dit geeft je de kans om je vaardigheden te laten zien en je expertise te demonstreren aan potentiële werkgevers.

3. Netwerken: Bezoek evenementen, word lid van beroepsorganisaties en maak contact met anderen in de sector om uw netwerk uit te breiden en op de hoogte te blijven van nieuwe vacatures.

4. Doe praktische ervaring op: overweeg om freelanceprojecten, stages of vrijwilligerswerk aan te nemen om praktische ervaring op te doen en een sterk cv op te bouwen.

5. Specialiseer: Overweeg om je te specialiseren in een specifiek gebied van digitale marketing, zoals zoekmachineoptimalisatie (SEO), social media marketing of e-mailmarketing. Zo word je een expert in jouw vakgebied en word je aantrekkelijker voor potentiële werkgevers.

Door deze stappen te volgen, kunt u zich effectief voorbereiden op een succesvolle carrière in digitale marketing en een waardevolle aanwinst voor de sector worden.

Hier is een lijst met topwebsites die nuttig kunnen zijn om een carrière in digitale marketing te beginnen:

1. Moz (https://moz.com/) : Moz is een toonaangevende website die een schat aan bronnen biedt, waaronder beginnershandleidingen, tutorials en inzichten in de sector. Het behandelt verschillende aspecten van digitale marketing, waaronder SEO, contentmarketing en sociale media.

2. HubSpot Academy (https://academy.hubspot.com/): HubSpot Academy biedt een scala aan gratis online cursussen en certificeringen over inbound marketing, contentmarketing, social media, e-mailmarketing en meer. Het is een

waardevolle bron voor het leren van de basisprincipes van digitale marketing.

3. Groei met Google (https://grow.google): Ontdek trainingen en hulpmiddelen om uw bedrijf en online aanwezigheid te laten groeien en leer digitale vaardigheden om uw carrière te laten groeien en in aanmerking te komen voor gewilde banen.

4. Peter Woodford (http://www.peterwoodford.com/): Peter Woodford is een gerenommeerde digitale marketeer die u kan helpen bij het opzetten van online advertentiecampagnes op meerdere platforms. Ook kan hij u ideeën geven over hoe u de inhoud en het ontwerp van uw website kunt verbeteren om de conversies te verhogen.

5. Social Media Examiner (https://www.socialmediaexaminer.com/): Social Media Examiner is een populaire website die zich richt op social media

marketing. Het biedt diepgaande artikelen, tutorials en brancherapporten om u te helpen op de hoogte te blijven van de laatste social media trends en strategieën.

6. Search Engine Journal (https://www.searchenginejournal.com/) : Search Engine Journal is een vertrouwde bron voor SEO-professionals. Het biedt deskundige inzichten, nieuws en handleidingen over zoekmachineoptimalisatie, betaalde advertenties, contentmarketing en andere onderwerpen op het gebied van digitale marketing.

7. Content Marketing Institute (https://contentmarketinginstitute.com/): Content Marketing Institute biedt waardevolle bronnen en inzichten over contentmarketing. Het behandelt onderwerpen als contentstrategie, creatie, promotie en meting.

8. DigitaalMarketer (
    https://www.digitalmarketer.com/) :
    DigitalMarketer is een uitgebreide bron voor
    digitale marketingstrategieën en -tactieken.
    Het biedt trainingsprogramma's,
    certificeringen en een schat aan blogcontent
    over verschillende aspecten van digitale
    marketing.

9. Ahrefs Blog (https://ahrefs.com/blog/):
    Ahrefs Blog biedt waardevolle inzichten in
    SEO en digitale marketing. Het behandelt
    onderwerpen als keyword research, backlink
    analyse en concurrent research.

10. Met Indeed (https://www.indeed.com) kunt
    u miljoenen banen online doorzoeken om de
    volgende stap in uw carrière te vinden. Met
    tools voor het zoeken naar banen, cv's,
    bedrijfsbeoordelingen en meer.

Copyright

www.ingramcontent.com/pod-product-compliance
Lightning Source LLC
Chambersburg PA
CBHW071418050326
40689CB00010B/1886